北京教育科学研究院学术著作出版资助基金项目

教师价值品质研究

——基于教育现象学之体验的视角

陈黎明　著

图书在版编目（CIP）数据

教师价值品质研究：基于教育现象学之体验的视角／陈黎明著．—北京：知识产权出版社，2017.9

ISBN 978-7-5130-5041-8

Ⅰ．①教…　Ⅱ．①陈…　Ⅲ．①师德—研究　Ⅳ．①G451.6

中国版本图书馆 CIP 数据核字（2017）第 212862 号

责任编辑：徐　浩　　　　责任校对：潘凤越

封面设计：SUN 工作室　　责任出版：刘译文

教师价值品质研究——基于教育现象学之体验的视角

陈黎明　著

出版发行：知识产权出版社有限责任公司　　网　　址：http：//www.ipph.cn

社　　址：北京市海淀区气象路 50 号院　　邮　　编：100081

责编电话：010-82000860 转 8343　　责编邮箱：xuhao@cnipr.com

发行电话：010-82000860 转 8101/8102　　发行传真：010-82005070/82000893

印　　刷：北京嘉恒彩色印刷有限责任公司　　经　　销：各大网上书店、新华书店及相关专业书店

开　　本：720mm×960mm　1/16　　印　　张：13.5

版　　次：2017 年 9 月第一版　　印　　次：2017 年 9 月第一次印刷

字　　数：156 千字　　定　　价：49.00 元

ISBN 978-7-5130-5041-8

内容简介

在现代性背景下，教师应该成为怎样的存在？这是教师伦理研究的核心问题。规范伦理学以“应当”为圭臬来论证善的普遍合理性，这为构建有序、可操作的教师行为提供了方向，然而也存在一定的不足。本书拟以价值情感现象学作为修正的方案，通过教师价值品质的探讨，为教师的存在方式提供可参考的路径。

本书首先通过教师在真实情景中的体验描述，揭示出教师对价值的体验决定了教师在具体教学情景中的行为。教师认为“应当如此行动”是因为他体验到了一个“应然”的价值。教师价值品质形成的过程，是从教师对价值的体验到以“观念应然”为标准的“去-存在”过程。而教师的价值品质可以通过其外在的行为举止“被”学生所感知。所以，我们从学生的体验描述中提取出价值主题，对主题的价值内涵进行分析。在此基础上，借助价值情感现象学的观点，以舍勒的价值等级分类为标准，将提取出的价值条目归为不同的价值等级。最终发现，处于较高等级的价值品质对学生的影响是持久而又深远的。

然而，现代性价值失序以及教师德性的式微，使处于较高等级的价值品质不受关注。在此背景下，我们试图通过构建现代性教师德性的三个维度来重塑教师德性，让教师体验到自身角色的道德内涵，从而实现较高价值品质的获得。价值伦理学认为，教师德性的展现既不以“我没有违背法律或教师职业守则”为依据，也不以“道德圣人”来定位。德性是一种能然意识，是观念的所应之物与所能之物在现象学本质直观中的相遇和契合。而教师德性产生于教师观念中的所应之物，同时也作为所能之物被给予。在实际的教育教学情景中，如果教师体验到正向的价值以及“更高”的价值并以实现其为导向，他就是具有德性的教师，也由此展现了教师的应然存在方式。那么，如何才能重塑颠倒的价值秩序，从而转变体验结构，成为有德性的教师呢？我们认为，基于伦常明察之上的“情感体验”是作为“人”之存在的教师朝向更高价值等级迈进、不断追求卓越的主要途径。同时，教师“角色”出于义务感及对规范的遵守则可以拾遗补阙，保证教师行为的道德底线，而最终达到“由义返仁”，实现“仁宅义路”。

在教师伦理研究中，要重视引导教师以先天的“观念应然”为基础对价值进行体验。在培养优秀教师的过程中，要关注教师角色所应掌握的知识、技能，更要关注教师作为人之存在的更为深层次的需要。只有这样，才能使教师保持赤子之心并发挥人的自为性，远离“平庸之恶”并实现自身的卓越价值。

ABSTRCT

In the context of modernity, how should the teacher to be? This is an important question of teacher's ethics. Teacher's normative ethics based on ‘ sollen ’ to argument the rationality of goods. It is meaningful to direct the teacher's behave. But there are some problems. So, in this book, we take advantage of material ethics of value to make up the shortcoming of normative ethics and through the teacher's value quality to find the answer of ‘ how should the teacher to be ’ .

In this book, we shall first point out that teacher's value quality is based on teacher's ‘ erlebins ’ (experience) on values. During the formation of teacher's ‘ ordo amoris ’ , the teacher's value quality is shaped. Then, teacher's experience on value had two characters, which is person autunomoy and emotion priority. So, it is possibly that emotion to be the foundation of teacher's ethics. At the same time, the teacher as a people who live in the world and the role of teacher in specific social had influenced the value experience. So, the formation of the teacher's value quality is a process of teacher experience value and practices it. In the next section, we are analysis the teacher's core value quality, which is base on the student's description of phenomenology. Chapter three discusses these value qualities and classified its as different value rank. Then, the value rank is base on M. Scheler's material ethics of value. Through application of the material ethics of value, we find the reason of how and why the material of value are be sensed by people. This study further shows that the value qualities are at higher value rank belongs to morality qualities, and the value qualities at lower value rank belongs to non-morality qualities. Meanwhile, the teacher's morality quality is more important than non-morality quality on students. In this sense, the role of teacher contains moral significance.

However, in the context of modernity, teacher's morality quality is lacking. We are not paying more attention to teacher's morality quality in the practice of education. So, for remolding the role of teacher's moral significance, we should followed the Alasdair MacIntyre's great ideas which effort to solve the problem's of modernity morality, and construction of teacher's virtue from three dimensions. (Internal goods of teacher's practice; teacher had to become an morality people; and the dimension of tact back to tradition). The purpose is change the situation of the teacher's morality quality is lacking in the context of modernity. This book suggests that in the context of modernity, teacher's virtue show is neither according to whether teacher can obey the rules and laws, nor teacher should become moral saint. In the real educate situation, teacher can experience the positive and higher value and put it in education practice, then teacher's virtue is showed. From the view of material ethics of value, teacher's virtue shows that teacher's sense of 'should to do' is meeting with the sense of 'able to do'. Unfortunately, individual's structure of feeling and acknowledge is influenced by the modernity value – disorder, teachers always pay more attention the lower value and the moral value is missing, teacher's values is confusing. All of this restricts the formation of teacher's morality quality.

Then, how to upgrade the teacher's valuequality, and realized the teacher's 'ought to be' . This book suggests that the main emphasis is placed on the individual's experience on priori value order. Through this method, teacher as a person can towards the higher and positive value; then, as a role of teacher should comply with the basic rules for the sake of teacher's behavior is not harmful to the student. The purpose is through the basic rules to sense and experience the priori value order. Finally, The book points out that teacher's moral behavior is not based on the command of 'must to do' , but on the individual's feel and experience on value. The teacher ethics should guide the individual pay attention to the priori value order. In the process of cultivate teacher, we shouldn't only pay attention to the knowledge and skill of teacher as a role, but also need give more attention to the inner needs of teacher as a person in the world. Moreover, in the aspect of cultivating teacher's value quality, we should pay attention to teacher's inner feeling and experience. Only in this way, teacher can defense the corrupt of external interest, and resist the evil of ordinary, become an excellent teacher.

目　　录

绪　论

一、研究缘起

（一）现代性价值失序与教师的身份危机

事件一：在2008年的“5·12”地震中，一名教师丢下学生一个人跑出了教室，并在天涯上发帖《那一刻地动山摇——“5·12”汶川地震亲历记》，掀起轩然大波，被网友讥讽为“范跑跑”，并引发了一场关于“师德”的讨论。

事件二：女教师张丽莉为了救学生，自己身受重创，双腿高位截肢。张老师的事迹引起了社会的强烈关注，网友们称赞其为“最美女教师”。面对纷至沓来的荣誉，她说：“我只是做了一名老师该做的事情。”

两组材料向我们展示出，在危机时刻，两名教师截然不同的价值选择。范某认为，在危难之时置学生于不顾而保全自己生命的行为是“正当”（right）的、合理的。然而，作为教师，其行为在许多人眼中却是“不正当”的，遭到了嘲讽与唾弃。但是，也有人认为范某的行为是合法的，在危机时刻教师没有义务先救学生，“人们能够要求教师牺牲自己的生命去救助学生吗？每个人的生命都是宝贵的，每个人都享有平等的生命权。没有哪一个人的生命比另一个人更高贵，也没有哪一个人可以被要求去为别人而牺牲自己的生命。对于教师而言，道理同样如此”，❶ 所以，不应该对他进行道德上的谴责，更不应该以此作为其师德败坏的佐证。相反，“最美女教师”张丽莉为保护学生而失去双腿，她认为自己只是做了一个教师“应该”做的事情。她的行为不仅被认为是“正当”而且是“善”的，所以值得尊敬，备受赞扬。

以上争论，实际上是人们从两个维度对个体行为所进行的道德评判。第一个维度是对作为“人”的行为进行道德评判，第二个维度则是对社会中特定的“角色”（教师）的行为进行的道德评判。争论的焦点在于：作为“教师”，在危机时刻是否能够弃学生于不顾而自己先跑呢？跑了是否就应该受到道德的谴责呢？这就引出了教育的基本问题，即教师的存在论问题。具体来说，在现代性的背景下，教师究竟应该是什么样的存在？教师对学生究竟应该具有怎样的义务和责任？教师只是百工之中普通职业之一，还是具有高尚品质的“道德圣人”呢？以上这些疑问是我们认识教育的存在价值、教师的存在价值时不能也无法回避的问题，同时也是教师伦理研究的核心问题。

当今中国正处于现代性的大背景下。现代性源于西方，之后传播到世界的不同地区。与传统性和后现代性概念相对，现

❶ 冯婉贞．教师专业伦理的边界——以权利为基础［M］．北京：教育科学出版社，2012：147.

代性的概念代表了一种新的生活方式以及社会生活的总体转型。关于“现代性”的具体内涵，学者们从不同的视角出发进行了阐述。吉登斯认为：“现代性是现代社会或工业文明的缩略语。”❶ 舍勒认为：“现代性不能仅从社会的政治-经济结构来把握，还必须通过分析人的体验结构来把握。”❷ 英国学者阿尔布劳认为，现代性是“理性、领土、扩张、革新、应用科学、国家、公民权、官僚组织和其他许多因素的大融合。”❸ 总之，现代性是包括政治、经济、文化结构的整体转变。其中，舍勒所提出的人类心态（体验结构）的转变是现代性最根本的转型这一论断，更能体现出现代性之客观价值秩序的改变，从而凸显出现代性价值秩序重构的核心问题。现代性价值理念与传统价值理念不同，因为人类的体验结构发生了根本的变化。学者卡林内斯库和罗兰·罗伯森从文化研究的视角指出：“现代性价值理念的两个基本特征：一是定向的不可重复的历史主义进步主义目的论；二是扩展性普遍主义价值论。”❹ 现代性生活以效率、资本、市场化、商业化等实用价值为价值标准。除此之外，崇拜理性、向往自由（主体性精神）等也是现代性的主要价值维度。而作为现代性价值内涵的现代性道德便从此出发来构建现代性道德的价值取向，即在现代性的背景

---

❶ 安东尼·吉登斯，克里斯多弗·皮尔森．现代性——吉登斯访谈录［M］．尹宏毅，译．北京：新华出版社，2001：69.

❷ 舍勒选集·上［M］．刘小枫，译．上海：上海三联书店，1999：22.

❸ 罗宾·科恩，保罗·肯尼迪．全球社会学［M］．文军，译．北京：社会科学文献出版社，2001：65.

❹ 万俊人．现代性的伦理话语［M］．哈尔滨：黑龙江人民出版社，2001：136.

下，现代性道德主要建基于道德目的论以及理性基础上的普遍性知识论。

自欧洲启蒙运动以来，欧洲社会的现代性特征便不断凸显。启蒙时期宣扬人之权利的不可侵犯，预示了现代性个人主义道德理念的诞生。现代性强调个体的自由与权利，并主张以人为目的。现代性道德目的论是一种强调个体化的权利话语，道德更多地服务于实用而不是个体美德的获得。所以，个人主义以及人类中心主义价值观便成为现代性道德的主要价值取向。现代性的道德逐渐从神性走向世俗的人性，人作为理性的主体不必再诉诸神灵去寻找道德力量的源泉，理性的人可以为自己立法。人们似乎逐渐摆脱了神圣性道德带来的沉重道德负担。世俗化的道德更加具有实用主义的倾向，更注重具体、外显、有用的价值，而理想的人格道德、内在的道德价值则被认为是不合时宜的、“迂腐”的，被束之高阁。与此同时，现代性道德以建立在人类理性之上的普遍规范为其存在的依据，即现代性道德需求普遍的正当性知识。这是维护理性人之道德可知论的一种努力，同时也符合现代性之政治与经济寻求合法性与合理性的步调。

> 现代性道德和道德知识的普遍正当性寻求，与现代市场经济的普遍合理性追求和现代民主政治的普遍合法性追求是相辅相成的。这种三维共享的普遍理性主义规范（或规则）构成了现代性诸要素间的内在关联，典型地体现了所谓现代性知识的根本特征。[1]

---

[1] 万俊人．现代性的伦理话语［M］．哈尔滨：黑龙江人民出版社，2001：2.

将道德诉诸对普遍义务规范的遵守，生活在现代性中的“理性人”在遵守普遍道德、履行基本义务以及没有违背底线道德的前提下，有权利为自己的价值观念和价值行为进行合理辩护。所以，现代性道德不再具有任何公共的、共有的合理合法性以及可证明性。

15 世纪以来，西方世界以外在实际目的为价值导向的现代性道德逐渐抛弃了以亚里士多德为代表的强调人格修养和内在目的的古典美德伦理学，而转向“注意自然生态的工具性价值及其有效利用。它既缺乏完整的人格认同（常常遗忘心性的内在目的或个人美德），也缺乏充分的群体认同（常常忘记‘他人’），亦缺乏真正普遍的生命认同（常常忘记人类以外的存在者）”。[1] 在缺乏对终极“善”之价值追求的现代性背景下，现代性道德生活脱离了传统美德伦理知识范畴而转向最低限度的“底线伦理”体系，即现代性道德诉诸义务性的规范知识，以最低线或曰“最低限度”的义务规范伦理体系作为评判现实道德生活和人类行为的价值依据。也就是说，个体行为只要不违背底线道德，就无须受到道德谴责。尼采认为，这是现代性所带来的“最高价值的自行贬黜”。我们认为，这是现代性对较高价值的无视而引发的现代性价值失序。

毋庸置疑，现代性给人类带来了前所未有的经济发展与政治文明。然而，进入 20 世纪以来，现代性带给人类的恶果也开始不断凸显，并影响着人类的生活。对物质的过度追求导致人类精神世界逐渐荒芜，而对理性的顶礼膜拜放逐了对人之情

[1] 万俊人．现代性的伦理话语［M］．哈尔滨：黑龙江人民出版社，2001：138.

感的深沉关切；主体精神的膨胀与价值多元，消解了人们在道德上休戚与共的可能性。而现代性所带来的消极影响与现代性的道德危机和价值失序互为因果。因为现代性发生在社会转型时期时，传统的道德意识、价值系统以及伦理观念发生着变化，而新的行为方式和价值系统又没有被普遍接受。没有一种坚不可破的价值原则来指导道德实践，是引发道德失范和道德危机的主要因素。同时，由于现代性道德提倡理性人的道德主体性，并推崇能够普遍规约个体行为的规范性知识。这使得我们在特殊的情景中对没有违反底线道德（没有违反普遍的道德行为规范）但又缺乏“善”之价值的行为失去了批判的合法性依据。我们似乎只能对道德规范性知识所涵盖的行为进行对与错的合法性评判，而无法绝对地判定某些行为在特定情景中的是非对错、正当与不正当。

目前，我国正处于社会转型时期，现代性市场经济以及工具理性的思维体现在社会的方方面面。在我国，传统的道德意识结构和人们对价值的体验不断发生着变化，人们对感官价值、实用价值的追逐成了一切活动的出发点。而建基于主体精神和理性人之上的个人主义道德价值观成为多数人认可的价值评价体系。在这种价值体系的指引下，遵守最基本的普遍规范知识，便可以放弃追逐终极善之价值的精神努力。在教育领域也是如此。从上文提到的两则材料所呈现的价值事态中便可以看出，教师究竟应该是怎样的存在这一难题正面临着现实的拷问。在现代性价值体验结构转型的背景下，“教师是谁”的问题变得尤为尖锐。越来越多的教师认为，教师职业只是自己获取一定收入的谋生手段。在教学过程中以分数、升学率为指向的教育价值追求，让教师认为向学生传递基本的知识就是履行自己的责任和义务，不违背基本的教师道德行为规范就是一名好教师。在此过程中，教师试图通过对自身权利的伸张合理地解除传统文化中压在教师身上的“道德枷锁”。由此，教育不再是精神的引领和智慧的启发，教师与学生的关系被简单而抽象地归于单纯的知识传授。在教育世界中，知识的价值凌驾于智慧与德性之上，教育的工具性凌驾于教育性之上。人们对教育价值的体验发生着变化。然而，中国传统儒家的仁爱孝悌、修身重道、重义轻利等注重人之内在道德精神养成的思想并没有被完全抛弃。受传统伦理观念和体验结构的影响，教育的特殊性以及教师劳动所具有“价值性、道德性”[1] 并没有被完全抛弃。教育工作不仅是一种专业活动，更是一种关涉道德的活动，教育本身所具有的道德性质是其之所以被称作“教育”的关键。所以，以此认识为指导，教师角色就不能仅仅是传递知识的“经师”，更应该是具有德性的“人师”。教师的教育活动始终与道德、伦理等与人类相关的价值问题密切相关。即使在现代性的价值多元时代，人们总是对从事教育工作的教师怀有一种期待，期待他们有良好的价值品质、有美好的德性、是高尚的人，期待他们的行为能够展现人类的核心价值，并能够将积极、正向的价值传递给未来的社会公民（学生），从而培育正直、善良、有社会责任感的人。

现代性价值秩序以外在的、功利性目的为价值取向。在我国教育领域中，对工具性价值的追逐使得人们只关注教育的“有用性”而不关心教育所关涉的善恶等内在的精神性价值。

[1] 檀传宝．教育劳动的特点与教师专业道德的特性［J］．教育科学研究，2007（3）．

教师教育研究则以提升教师教学技艺和专业知识为圭臬构建教师的专业化理论，而放逐了对更为根本的教师存在论问题的反思。然而，诚如熊十力先生所言：学不究体，终成戏论。在现代性价值失序的背景下，探究教师是怎样地存在这一问题显得更加重要，因为人们对教师角色的认识处于前所未有的分裂中，教师面临着存在论的危机。如果我们总是对此类教育的本体性问题避而不谈，转而对教师教学的技艺和教育的功利性理想高谈阔论，那么教育实践越是成功，对学生和社会的负面影响有可能就越大；而以失序的教育价值观念为导向的教育实践，终将会舍本逐末，使得教学过程缺乏意义与价值的引领而完全失去其教育性价值。

当今，教师行为失范的事件屡屡发生，不断刺激着人们的神经，以至于人们在批判之余往往痛惜“师道之不存已久矣”！教师行为失范，并不是因为无规范可依（我国有明确的教师行为规范条例），而是因为对教师存在论问题的不清晰，导致规范本身的失效。所以，解决问题的关键是明晰“教师是谁”的存在论问题，并在此基础上为教师行为的合理性与合法性寻找新的依据。

（二）规范伦理学指向下的教师伦理研究及其问题

教师伦理是从教师的存在问题出发，研究教师角色在教育教学活动中应该遵守的规范、准则。它涉及教师与学生、同事、家长等相关人员在交往中应当遵守的道德规范以及相应的权利。所以，教师伦理学研究为我们判断教师行为的是非善恶提供了理论依据。而教师伦理研究必定受到特定时代伦理思想的影响。可以说，被特定社会所认可和接纳的伦理学内容能够体现一个社会的价值取向和精神气质，从而影响特定时代教师伦理的价值取向。在现代性的伦理学体系中，对教师伦理学的建构影响较大的是知识论指向下的规范伦理学。❶

1. 规范伦理学指向下的教师伦理构建

> 规范伦理学（normative ethics）研究人们的行为准则，探究道德原则和规范的本质、内容和评价标准，规定人们应当怎样行动的理论。……在西方，义务论和功利主义（效益论）被认为是规范伦理学的两大流派。❷

当今，随着美德伦理学的崛起，许多学者将美德伦理学也归为规范伦理学的范畴。❸我们认为，德性论涉及人“应当”怎样——与义务论不同的是，它的“应当”指向“成为什么样的人”，德性论也具有规范的意义——所以规范伦理学包括义务论伦理学、功利主义（效益论）、德性论伦理学。其中，义务论与德性论伦理学思想对于当今教师伦理学的价值取向与建构具有重要影响。

（1）义务论：教师应该/不应该“做”什么？

> 义务论是指人的行为必须遵守某种道德原则或按照某种正当性去行为的道德理论。与“目的论”、“功利主义”

---

❶ 伦理学通常分为三种类型：元伦理学、描述伦理学、规范伦理学。

❷ 朱贻庭．伦理学大辞典［M］．修订本．上海：上海辞书出版社，2011：6.

❸ 赵永刚．美德伦理学［M］．长沙：湖南师范大学出版社，2011：7. 黄显中.公正德性论——亚里士多德公正思想研究［M］．北京：商务印书馆，2009：92. 陈真．当代西方规范伦理学［M］．南京：南京师范大学出版社，2006：268.

相对……强调道德义务和责任的神圣性以及履行义务和责任的重要性……认为判断人们行为的道德与否不必看行为的结果，只要看行为是否符合道德规则。❶

在西方，规范伦理学以康德的义务论为典型。康德在《道德形而上学》中强调人们对规范系统的重视，无论是伦理学还是法哲学都应该以普遍规范和法则为核心。在实践活动中，则侧重个体对责任的履行和对规范的绝对遵从。康德认为，只有出于义务的行为才是真正具有道德价值的行为，即出于义务的行为便是道德的行为，只有对道德规则无条件遵守的行为才具有道德性。

具有明显现代性特征的义务论伦理学试图以普遍性规范的形式规约个体的行为，并以“普遍性”来评判个体行为的道德性。在义务论的指向下，我们强调教师要遵从普遍的伦理规范行事，并通过教师行为守则、教师行为规范等形式告知、规约教师什么是应该做的，什么是不应该做的，以此来建立教师专业的规范伦理。或者说，教师专业伦理的形成便以规则支配的伦理学体系为基础。在这种情况下，教师只要遵从这些抽象的规则，保证自己的行为不违背规范，就可以成为合格的教师。然而，仅从规范出发，是否足以成就卓越的教师呢？有学者认为：

在社会规范的解构的情况下，义务论的专业伦理也有其限制，因为此情此景中，人们追求的将不是规范本身及

❶ 朱贻庭．伦理学大辞典［M］．修订本．上海：上海辞书出版社，2011：11.

> 其尊严。只讲义务和自律并不能激发人的动机去向善、行善，因为在规范解组之时，人们极力想从规范和束缚中解脱，其所追求的更是自由、爱与创造。对于一般伦理和专业伦理的实践，人们想的是藉此可以成为怎样的人，而不是为义务而义务。❶

所以，仅仅遵从规范、法则行事有一定的消极性，缺少道德动机，不能促使教师实现更高的善。同时，面对灵活多变的教育情景，规范无法穷尽所有“应该或不应该”的行为。在范美忠事件后，2008年9月1日，我国教育部颁布了新修订的《中小学教师职业道德规范》，加入了“保护学生安全”条目。然而，试想一下，如果在2008年5月12号之前，“保护学生安全”这项规范已经实施，情况会有所不同吗？范老师会因为这条规范而改变自己的行为吗？而张老师是出于对这条规范的遵守而去舍身救学生的吗？

总而言之，义务论伦理学将教师视为遵从规范的行为主体，以规则支配教师行为，制定相关规范与守则指导教师在教育生活中如何行动，即教师应该如何、不应该如何（如应该“热爱教育工作、献身教育事业”，不应该“迟到、早退”，等等）。教师行为规范和法则对于规约教师的行为具有一定意义，并可以通过教师遵守规范而形成一定的伦理秩序。然而，在面对丰富多彩、复杂多变的教学生活时，规范会因为缺乏针对性、情景性而不具现实的指导价值，从而流于形式。另外，外在于人的规范如果没有被个体在心中接纳，或者个体缺乏康德

❶ 沈清松．伦理学理论与专业伦理教育［J］．湖南大学学报，1996（4）．

所提倡的“道德上的自律”而不能成为有德性的人，那么个体只能是为了逃避惩罚而机械地遵从命令。一旦违反规范而没有被惩罚，规范就会失去效用。所以，为了弥补义务论的不足，德性论伦理学逐渐被现代人所重视。

（2）德性论：教师“应当”成为什么样的人？

德性伦理学是以“德性为中心”的伦理学，它关注道德上善或高尚的人所具有的品质，并侧重于对整个人进行道德的评价。德性论者批判义务论伦理学削弱了道德的精神，主张将道德问题从“我应该/不应该做什么”转向“我应该成为什么样的人”。可以看出，德性论伦理学不是只要求遵从特定规范的伦理学，而是重视行动者自身品质的伦理学。在西方，亚里士多德是德性伦理学的始祖。现代德性论伦理学家麦金太尔指出：

> 亚里士多德式的德性论预设了一个重要区别：对于任何特定时刻的某个特定个人而言何者为善，以及对身为一个人而言何者“真正地”为善，这两者之间的区别。为了获得后一种善，我们实践德行，并透过“选择”达成目的的手段来实践。这种选择需要判断，德行的运作因此需要一种判断的能力，是能够在正当的（right）时间、正当的地点，以正当的方法来做适合的事情。这种判断的运作不是一种规则的固定运用。❶

❶ 黄藿．教师专业伦理·1［M］．台北：五南图书出版股份有限公司，2004：152.

也就是说，德性论伦理学所追求的目标不是某个特定时刻个体行为的正当与否，而是个体作为人而言的至善。为了获得属于人本身的真正的善，个体首先必须是一个有道德的人。因为只有有德之人才能够做出正确的道德判断，能够根据实际情景出发，在正当的时间、正当的地点做正当的事情。这种道德判断不是依赖于对规则的遵守，而是自身品质的行善倾向。

在德性论伦理学的价值指向下，教师德性伦理学主张：一个优秀的教师首先应该是有德性的人。只有具有一定人格修养和道德品质的教师才能在瞬息万变的教育生活中机智地做出最恰当、最合适的教育性行为。而教师与学生之间不仅是知识的传承，更是人格的影响。

无论是义务论指向下的教师义务伦理学，还是德性论指向下的教师德性伦理学，都建立在现代性之普遍的规范性知识的前提下，引导教师成为一名好教师。前者从教师“角色”应该遵从的普遍义务规范出发，引导教师履行义务，遵循道德规范。后者侧重教师作为“人”而言应当具有的道德品质。虽然二者的侧重点不同，但也不是泾渭分明的。义务论中含有对崇高德性的追求，即通过对绝对道德律令的遵守成为有德行的人，而德性论中也有某种义务规范的倾向，如有德性的人会自觉承担相应的义务，清楚自己应该做什么。当今，我国教师伦理学的构建主要受到规范伦理学的影响。它们以“应当”为基础来论证善的普遍合理性，这为构建有序的、可操作的教师伦理学提供了方向。

2. 规范伦理学指向下教师伦理建构存在的问题

义务论与德性论都以“应当如何”为命令或义务。义务论指向个体“应当”如何做，德性论指出个体“应当”成为怎样的人。然而，在强调“应当”的价值时，它们都忽视了存在的价值和人对价值的体验，即个体何以“应当”如此这般做以及个体为什么“应当”成为此类型之人的价值问题。这里，需要解决的问题是：如果个体没有体验到“应当”所具有的价值，又缺乏外在监督和制约，个体是否会按照“应当”的命令来行事？促使个体按照“应当”去行动的最终动因和基础是什么？

我们认为，建立在现代性普遍规范知识之上的教师伦理学建构似乎还不够完备。因为它从绝对理性和抽象的形式化价值理想出发，以命令的形式要求个体服从“应当”的律令，缺少对个体生命价值的关怀，忽视了“应当”背后的动因和基础，所以极其容易产生一种道德欺罔以及对现实价值的无视。规范伦理学指向下的教师规范伦理也不可避免地遭遇现实生活中教师个体的厌烦和消极抵抗，从而流于形式。例如，在《中小学教师职业道德规范》（2008 年修订版）第三条中提到：教师应当“关爱学生”。而教师为什么“应当”关爱学生呢？如果教师个体没有体验到关爱的价值，这个条目就是形式上的，缺乏实质的内容。

因此，我们需要重新审视规范伦理学指向下教师伦理构建中存在的问题，从而找出修正的方案。

二、研究问题、假设及目的

（一）研究问题

本书从现代性价值失序与教师的存在论危机入手，以“教师价值品质”为立足点，探寻教师在现代性背景下的应然存在方式。教师的价值品质是教师在现实教育生活中的存在方式。教师的价值品质作为一种价值形式，隐含于教师的行为举止之中并能够被他者（尤其是学生）所体验。那么，作为教师的存在方式的教师价值品质是怎样形成的？在师生交往的过程中，教师究竟应该具有怎样的价值品质？这些价值品质作为价值质料（能够被感受到的价值内容）又是如何触及学生的心灵，并对学生产生深刻影响的？在现代性价值失序的背景下，该如何改变进而提升教师的价值品质呢？

面对以上问题，本书以师生在教学活动中的价值体验和价值感受为依据，探寻教师价值品质的形成过程以及教师应该或不应该具有的价值品质，最终为提升教师价值品质探寻可能的路径。具体来讲，要探究的问题包括：（1）教师的价值品质是如何形成的？（2）教师的哪些价值品质能够对学生产生深远影响？原因又是什么？（3）如何提升教师的价值品质？

（二）研究假设

本书的研究基于以下假设：（1）教师的价值体验是教师价值品质形成的源头；（2）从学生的体验中，我们可以获知教师的哪些价值品质对学生产生了深远影响；（3）学生对教师价值品质的体验有助于教师对自身价值品质的“再体验”和反思；（4）教师价值品质形成的关键是唤醒教师对价值的体验。

（三）研究目的

本书采用教育现象学体验研究的方法，以教师在与学生交往中“应该”及“不应该”具有的价值品质为核心问题，探究现代性背景下教师应该是什么样的人，以及教师价值品质形成的源头，并寻找提升教师价值品质的路径。

本书拟从学生对教师价值品质的体验中提炼出教师价值品质的核心条目，并对其进行价值排序和分类。希望以此为依据构建教师价值品质理论，引导教师在现实教育生活中进行有意识地体验，并指导教师在体验和选择的过程中摒弃负向的价值，趋向更高等级的价值实现，进而形成道德性的价值品质。概而言之，本研究希望唤醒教师对价值的体验，并帮助教师明晰“应当”与“不应当”的价值内涵，使其不断调节自身的教育教学行为，促进师生更具教育性的交流和互动。

三、研究意义

（一）理论意义

本书拟以价值伦理学（价值情感现象学）为指导构建“教师价值品质理论”，以弥补规范伦理学导向下教师伦理研究的不足，即以价值伦理学为主干，以德性伦理学和义务伦理学为两翼，引导教师不断走向卓越，实现其应然的存在方式。

首先，在教师价值品质理论的建构中，根据价值伦理学对个体价值体验的关注，寻找一种“自下而上”的路径，探寻优秀教师的价值品质。这是从教师和学生的价值体验入手，还原事实本身，认识价值体验对个体行为的推动力量。学生在真实教育情景中的价值体验，不仅能够使教师体验到“应当”的价值或“不应当”的价值，更能够让教师理解“为什么应当”以及“为什么不应当”；由此，为教师重新体验价值、选择价值以及价值品质的提升提供依据。价值伦理学主张从学生与教师的心的秩序出发，找到二者的结合点，寻觅师生的心性结构，以价值体验驱动教师的价值行为并引导教师不断朝向更高价值等级迈进，成为有德性的教师。

其次，以教师价值品质研究丰富教师德性论研究。在以往的教师伦理学研究中，教师德性论通常强调教师作为人所应具有的道德性良品（moral virtue），而对于非道德性良品（non-moral virtue）、道德性劣品以及非道德性劣品有所忽视。我们认为，教师作为一个完整的道德行为主体，其非道德性良品离不开道德性良品之目的，而道德性良品也离不开非道德性良品的支撑。我们以教师的价值品质作为通往教师德性的通道，通过教师对更高价值的体验和选择促进其价值品质的提升，进而实现教师德性。如此，可以摈弃之前立志高远但脱离实际的虚假、空泛的道德要求，使我们对教师既作为在世存在的“人”又作为在世显现的“教师角色”所具有的品质具有更加全面、透彻的理解与认知。

再次，在价值伦理学指导教师不断走向卓越的同时，还要关注义务论中“自上而下”的、对教师基本道德的规范，对“应该”“不应该”做什么提出基本规定，保证教师行为的正当性，如遵守教育法律法规，不体罚、不伤害学生等。教师道德规范向实践中的教师角色“不应当”做什么提出一般的道德性要求，这使得教师职业规范成为教师存在的最底线和最低要求。它虽然不能引领善的实现，但是可以抑制“恶”的发生。我们试图挖掘教师道德发展的内在动因，将外在因素与内在因素有机结合，探索教师价值品质提升和自我完善的可能性与方法。

最后，是方法论上的突破与尝试。本研究主要采用教育现象学的体验研究，在方法论以及方法的选择上是对传统思辨、量化研究的突破。本书拟“回到事情本身”，在真实的教育情境中、在教育主体的真实价值体验中寻求问题的答案。

（二）实践意义

教师究竟应该是怎样的存在？什么样的教师是“优秀教师”？学生眼中的“优秀教师”是什么样的？如何成为“优秀教师”？这是教育实践中常常遇到的问题。本书通过教育现象学的体验研究，直面教育主体，还原教师在教育情景中的价值体验和价值选择，了解教师价值品质形成的动因，并通过学生对“心中的好老师”以及“不喜欢的老师”的真实体验，不断探索优秀教师的价值品质。同时，按照价值论中对价值的等级排序，将教师的价值品质划分为不同的等级和质性，为优秀教师的养成提供切实的路径。

第一，教师可以通过自身的价值体验以及对学生之体验的“再体验”而得知什么样的价值品质是教师应当具有的，哪些价值品质是不利于自身发展和学生成长的，甚至会对学生的成长造成伤害。以此为依据，教师可以理性地反思自身的行为，摒弃其中负向的和较低的价值品质，践行积极的、正向的和较高的价值品质，并不断在真实的教育情景中践行，努力成为一名卓越的教师。教师价值品质研究能够为教师职前教育、在职教育以及教师的自我研修提供有益的方向。

第二，教师的价值品质通过其行为举止被学生所体认，所以通过对优秀价值品质的直观呈现，可以为教师提供良好的“示范”，促进教师行为举止的改善，有利于和谐师生关系的形成。

四、文献综述

（一）关于教师存在论问题的研究

教师角色应该是怎样的存在？在现代性背景下，教师存在论问题显得尤为突出。尤其是在我国传统教师德性观式微的情况下，教师角色以及身份定位始终是教师教育研究的核心问题。在传统教师形象的基础上，我国学者对教师存在论问题的讨论主要体现在两个方面。

首先，教师是普通人还是道德圣人？在研究中，学者们从不同角度进行了分析。一个比较重要的视角是从教师的比喻中剖析教师角色的存在问题，其中最有争议的是教师的“蜡烛”比喻所蕴含的牺牲、奉献等道德性内涵。有学者认为，将教师比喻成“蜡烛”是不恰当的，是将教师角色抽象为道德圣人，在哲学观上具有禁欲主义的倾向。❶ 还有学者认为，将教师比喻为“蜡烛”预示着教师命运的悲凉以及对教师生命价值的无视，同时会成为教师权利受到侵害的借口。❷ 与此相反，有学者认为将教师比喻为烛光是恰当的。❸ 还有学者坚定地提出，“蜡烛精神”是每位教师都应该具有的基本的专业或伦理态度；对于蜡烛精神的否定会造成教师职业认识的混乱，甚至会

❶ 陈向明．教师的作用是什么？对教育隐喻的分析［J］．教育研究与实验，2001（1）．

❷ 程天君．“蜡烛”、“灵魂工程师”还是“教育家”［J］．当代教育科学，2003（4）．

❸ 张楚廷．灵魂工程师评析［J］．教育评论，2002（4）．

影响教师的职业道德水平。[1]前一种观点认为在现代性背景下“泛道德化”的比喻不利于教师角色的发展，也不利于人们正确认识教师的本质；教师应该有道德，但不可能也没必要成为“道德家”。[2]后一种观点则认为“蜡烛精神”是不能抛弃的，教师应该是德性的存在，即“师者，德也”。[3]

其次，教师专业化的核心是什么？在国际教师专业化的大背景下，我国学者对这个问题也进行了多方位的探讨。在前期的研究中，研究者多将重点放在了教师的知识、技能和态度等方面。这更多的是将教师视为知识的传递者，忽视了教师对学生道德品质和人格的影响。而近些年来西方学者对教师专业化的研究往往从教师道德层面入手。他们认为，尽管知识对于教师专业发展非常关键，但是如果忽视了非知识层面的影响，就无法真正了解教师的教学工作，抛弃了维系教师职业的根本之道。所以，随着研究的不断深入，我国学者也逐渐认识到，教师职业道德或专业道德、教师专业精神等是教师专业化过程中不可忽视的重要问题。有研究者指出：

> 在教师专业化的运动之中，教师的职业道德向专业道德的转换始终是一个重要的线索。从最初的一般性的德行要求到具有道德法典意义的许多专业伦理规范教育，从重视知识、技能教育的技术性培养逐步过渡到专业精神与专业知识、技能水平提升的兼顾是教师专业化历史发展的一

---

[1] 石中英．蜡烛精神过时了吗？［J］．人民教育，2003（9）．

[2] 甘剑梅．教师应该是道德家吗？关于教师道德的哲学反思［J］．教育研究与实验，2003（3）．

[3] 蒋开君．何为教师：教师存在的伦理内涵［J］．高教探索，2014（5）．

个重要侧面。❶

2010年前后，有关教师专业精神的研究达到高峰。具有代表性的如张华军、朱旭东的《论教师专业精神的内涵》一文，文章认为：

> 在面对种种教学困境时，教师并不仅仅依赖专业知识来解决问题，还有一个重要的方面是教师的内在精神力量。因为教学作为一个专业性工作的特点，在于其对象为不断成长、变化的学生，教师需要面对诸多未知不可测的因素，教师所具有的专业精神，可以帮助教师以理性、专业、道德的视角解决教学中的问题，帮助学生成长。❷

有学者指出，国外关于教师存在论研究呈现出三个特点，即教师的工具性本体、伦理本体以及精神本体。❸ 这为探索我国教师的存在问题提供了一个思路。在现代性的背景下，我国教师的存在论研究实际上也是在三者之间进行权衡。但在当今工具理性思维主导下的教师教育研究中，教师的伦理与精神本体往往被忽视，以至于人们对教师究竟是谁、教师应该是怎样的存在、教师应该是普通人还是道德家等问题始终存在争议。

---

❶ 檀传宝．论教师“职业道德”向“专业道德”的观念转移［J］．教育研究，2005（1）．

❷ 张华军，朱旭东．论教师专业精神的内涵［J］．教师教育研究，2012（5）．

❸ 郭芳．国外关于教师本体论研究综述［J］．湖南师范大学教育科学学报，2012（4）．

面对这些争议，我们试图从教师的价值品质入手，探究教师的存在论问题。

（二）关于价值品质与教师价值品质的研究

国外关于品质、道德品质等品质伦理学的研究由来已久。众所周知，古希腊时期，亚里士多德的德性伦理学属于品质伦理学。然而，随着近现代以来义务论和效益论的流行，美德伦理学逐渐被取代。1958 年，安斯库姆在其《现代道德哲学》一文中首次提出现代品质伦理学（德行论）的主张，批评了康德式的道德义务，认为伦理学应该以德行为基础。1981 年，麦金太尔在《追寻美德》（或译为《德性之后》）一书中提出，现代性道德筹划是失败的，应该追寻亚里士多德时期的美德传统。这为复兴现代品质伦理学提供了基础。1996 年，英国学者奥罗拉·奥尼尔在《朝向正义与美德》中重新诠释了正义、良品等概念。同年，罗莎琳德·赫斯特豪斯的《规范——美德伦理学》试图说明，美德伦理学可以指导人们行动的正当性。

在美德伦理学复兴的热潮中，各国都比较重视对学生核心价值品质的培育。例如：

> 澳大利亚学校价值教育计划倡导 9 种价值品质：关心与同情（care &compassion）、自由（freedom）、责任（responsibility）、正直（integrity）、尽心尽力（doing your best）、尊重（respect）、公正（fair go）、理解与宽容（understanding &tolerance）、诚实与值得信赖（honesty &

trustworthiness)。[1]

英国西基德灵顿小学的价值教育联盟总结出22种积极的价值品质：感恩（appreciation）、关怀（caring）、合作（cooperation）、勇气（courage）、自由（freedom）、友谊（friendship）、幸福（happiness）、诚实（honesty）、信心（hope）、谦逊（humility）、友爱（love）、耐心（patience）、平和（peace）、品质（quality）、尊重（respect）、责任（responsibility）、简朴（simplicity）、体贴（thoughtfulness）、宽容（tolerance）、信任（trust）、理解（understanding）、团结（unity）。[2]

在此背景下，国外学者对于教师价值品质的探讨主要从教师道德（德性）以及教师道德对学生的影响入手。洛克伍德（Alan Lockwood，1997）认为，如果品德教育不与不良行为做斗争，它的界定就太广泛了，它的概念就没有意义，对它的讨论也就是无效的、琐碎的和徒劳的。也就是说，对于品德、道德的探讨必须包含对行为的探讨方能展现其意义。

由斯宾塞基金会（Spencer Foundation）赞助，美国教育研究协会（American Educational Research Association）成立了“教学中的行为研究项目组”（Manner in Teaching Project Team），由密歇根大学教授理查德森（Virginia Richardson）和芬斯特马赫（Gary Fenstermacher）主持。这项具有代表性的研

---

[1] 王占魁．澳大利亚学校价值教育的国家框架及其实施［J］．教育发展研究，2009（6）．

[2] 高政．英国价值教育概括与对中国的启示［J］．比较教育研究，2011（11）．

究的主要目的是更好的理解教师课堂工作的道德性，探明在教室和学校中所发生事情的道德基础，进而更好的理解教师如何促进学生的道德发展。值得注意的是，此项研究中的"manner"（行为）指的是与一种或多种相对稳定的性情和个性特点相一致的行动。这项研究不仅仅从哲学思辨中去探寻教师德行及其对学生道德养成的影响，还通过实证调查即运用观察、访谈等质性研究的方法深入教师教学世界，探寻教师行为所传达的道德意义。此项研究历时 3 年多，著述成果颇丰，如霍伊（Todd K. Chow-Hoy）的文章《在教学道德维度上对校长影响和学校使命的探讨：来自教师课堂的证明》（"Exploring the Impact of Principal Leadership and School Mission on the Moral Dimensions of Teaching：Evidence from Teachers' Classrooms"），芬斯特马赫（Gary D. Fenstermacher）的文章《教室之门内外的教学》（"Teaching On Both Sides of the Classroom Door"）、《课堂教学中的方法、风格和行为举止》（"Method, Style, and Manner in Classroom Teaching"），理查德森（Virginia Richardson）与威廉姆斯（Nicola Williams）合写的文章《学生对课堂中道德品质的认识——用学生自己的语言》（"In Their Own Words：Students' Views about the Moral Nature of the Classroom"），迈尔特（Alexandra Miletta）的文章《通过交流模式而建立的道德风尚：一个老教师在新学校的情况》（"Establishing a Moral Climate through Modes of Communication：An Experienced Teacher in a New School Setting"），汉森（David Hansen）的文章《教学作为一个道德活动》（"Teaching as a Moral Activity"），等等。

其中，芬斯特马赫的相关观点对本书的研究很有启发意义。他说：

> 教学之所以是一种道德努力，是因为人的行为关乎其他人。因此，公平、正义、正直、善良常常呈现……教师的行为随时随地都是一种关涉道德的行为。❶

同时，他认为：

> 参与教育活动的主体必须拥有并展示出适当的、与教育活动相称的行为，这样的行为要考虑到你所面对的特殊群体，即学生。所以，这种行为必须包含与教育相关的道德上和理智上的美德……与教育相关的道德上的美德，让人马上想到公平、尊重、率直以及诚实；与教育相关的理智上的美德有谦逊、创造力、思考、沉思以及在适当的时间和地点表现出的客观性，等等。❷

作者遵循亚里士多德美德伦理学的路径对教师行为的道德关涉进行了理论探讨和实践分析。

弗伦纳（Catherine Fallona）在《教学中的行为：一项基于观察与解释教师道德德行的研究》一文中指出：

> 我们所说的关于一个人所拥有的相对稳定的特点和性情，例如，诚实、虚伪、勇敢、怯懦、慷慨、吝啬，等

---

❶ Fenstermacher G. D. The Moral Dimensions of Teaching [M]. San Francisco: Jossey-Bass Publisher, 1990.

❷ Fenstermacher G. D. Philosophy of Research on Teaching: Three Aspects [M] // M. C. Wittrock. Handbook of Research on Teaching. N. Y.: Macmillan, 1986.

> 等。这些品质组成了我所称为的“个人行为”。❶

文章对亚里士多德提出的德行条目即勇敢、友爱、真诚、智慧、公正等如何在教学中得以展现进行了系统的研究，并得出结论：系统地观察和解释教育教学行为是可能的，鼓励教师反思自身的教学行为。

马修·桑格（Matthew G. Sanger）则强调：

> 教师是道德代理人和道德教育者。在教师决定自身在教室中的渴望、想法是什么以及怎样做之前，研究者和教育家应该对教学实践在道德上的显著特征给予更好的理解。❷

也就是说，研究者首先要了解教学实践的道德特征，才能确定教师的“应然”状态。

“教学中的行为研究组”最初是想证明教师的德性对学生品德养成的重要影响，然而，随着研究的深入，研究者们意识到培养学生良好道德品行的途径是多方面的，不仅仅是通过模仿教师的行为（教师作为榜样，只有学生主动模仿他、接纳他时，教师的榜样作用才会发生）。所以，教师要有意识地培养

❶ Catherine Fallona. Manner in Tteaching: A Study in Observing and Interpreting Teachers' Moral Virtues [J] . Teaching and Teacher Education, 2000 (16) .

❷ Matthew G. Sanger and Gary D. Fenstermacher. Aristotle is Great—But is He Enough? Expending the Theoretical Gounds for Inquires into the Moral Dimensions of Teaching [C] //The Annual Meeting of the American Educational Research Association. New Orleans, April, 2000.

道德行为主体（moral agency），即“可以因为某种理由而去选择某个行动的人，他的选择服从于他‘什么选择是值得做’的观点”（Stephen Darwall）。

从国外的相关研究来看，比较关注教师德性、品质的养成以及德性在具体教育教学中的行为呈现。另外，在研究方法上，重视以美德伦理学为基础进行理论思辨，同时，注重以实际教学为出发点，采用质性的研究方法（观察、访谈等），深入课堂对教师的教学行为以及行为中所体现的价值品质进行研究，关注教师行为的道德关涉及其对学生品质的影响。这些都是值得我们借鉴和学习的。

国内有关教师价值品质的研究比较少。较早提出相关研究的是石中英教授。他在《教师的基本价值品质及其形成》一文中指出：

> 价值品质也称“价值素养”，指一个人所认同并努力体现在自己日常生活、工作和社会交往中的价值原则。……从性质上看，作为一个人价值品质的那些既是观念性的，又是情感性的，同时领导和支配着自己的行动，构成一个人行动的依据。……教师的基本价值品质是指教师个体在从事各种具体的教育教学和管理工作中所应该具备的最基础性的价值品质。……教师的基本价值品质构成了教师专业态度和伦理发展的基础。

作者将教师基本的价值品质分为三类：第一类是与学生有关的，如平等、信任、希望、爱、公正、宽容、同情、民主等；第二类是与同事有关的，如关怀、赞美、信任、团结、谦逊等；第三类是与实际工作有关的，如投入、敏锐、理性、自主、反思、创造、信仰等。❶ 这篇文章为本研究提供了方向和方法上的启示。本书主要探讨的是教师价值品质的第一类，即与学生有关的基本价值品质。

天津市第47中学教师李伯升借鉴石中英教授的研究，在《教师对待学生的基本价值品质及提升策略》一文中通过调查问卷的形式对学生心中的好教师应具备的价值品质进行了研究，整理出18项内容：宽容大度、幽默风趣、细致入微、理解学生、尊重学生、关心学生、认真负责、善于沟通、敬业爱生、平易近人、富有激情、信任学生、辅导耐心、赏识学生、一视同仁、亦师亦友、善于倾听、公平公正。在此基础上，文章提炼出5项学生心中好教师应该有的核心价值品质，即尊重学生、理解学生、幽默风趣、宽容大度、认真负责。❷ 这也为本研究提供了一个较为全面的参考。

还有一些学者虽然没用“价值品质”一词，但同样对教师应该具有的核心素养做了一些探讨。例如，肖川教授认为，广大教师特别是优秀教师，要做到“六个学会”：学会等待、学会分享、学会宽容、学会选择、学会合作、学会创新；❸ 金生鈜教授认为，教师要有“良知”。❹ 我们认为，教师良好价值品质的形成也要诉诸这种“良知”。这里所说的“良知”并不是纯粹主观性的，而是具有客观性的“理性品质”，它能够让教

❶ 石中英．教师的基本价值品质及其形成［J］．中国教师，2009（1）．

❷ 李伯升．教师对待学生的基本价值品质及提升策略［J］．基础教育研究，2011（1）．

❸ 肖川．论教师的六个学会［J］．高等师范教育研究，2002（5）．

❹ 金生鈜．教育的终极价值与教师的良知［J］．教师教育研究，2012（4）．

师明确教师真正的价值，并引导教师的行动指向有益于学生人格、精神发展的实现。

还有一些学者以“教育机智”为题对好教师应该具有的素养做了论述。例如，王萍在《教育现象学视域中的教师教育》一文中提出，富于教育机智是好教师的标准。作者通过具体事例介绍了什么是教育机智，并指出：

> 富于教育机智的教师不仅掌握各种学科知识和技能，更重要的是，能在瞬间知道怎么做对于这个孩子这个情境下是最好的，总能对孩子产生重要的教育影响，这种老师是机智的老师。❶

对于如何形成教育机智，作者认为可以通过“施加影响”来实现。例如，影响教师保持教育现象学的态度，即保持开放的心态，不要妄加推测，更不能想当然，要悬置已有的观点和成见，观察实际的教育情境，追问孩子当时的具体体验。此文本着教育现象学“面向事实本身”的态度，力图引领教师在具体的教育生活中关注学生的体验，提高教师对教育情境的敏感性和反思能力。这为本研究提供了方法论的指导，即以教育现象学的视阈和方法探讨教师价值品质的形成，重视学生在具体教育教学情景中对教师价值品质的体验。

另外，对于如何提升教师价值品质这一问题，学者们也做了初步探讨。石中英教授认为，首先，要使教师了解价值品质及其范畴；其次，通过他者的视角认识他者对自身价值品质的

❶ 王萍．教育现象学视域中的教师教育［J］．教育科学，2008（6）．

要求；再次，促进教师反思这些价值品质与自身工作的内在关系；最后，营造文化氛围促进教师价值品质的提升。❶ 香港国际价值教育研究中心探索了教师专业成长中的价值品质培育课程开发。台湾的黄藿教授认为，对价值品质的培育要倡导言传—身教—启发的模式。❷

综上所述，国内对于教师价值品质的研究尚属探索阶段，国外则初步归纳出具体的价值品质条目。但是，对于教师的价值品质是如何形成的以及如何提升，都缺乏更深入的探讨。

（三）对“教育现象学”与“生活体验”的研究

教育现象学也称为“现象学教育学”或“教育学现象学”。在国外，影响较大的是荷兰学派的现象学教育学和德国的精神科学教育学或人文科学教育学。对教育现象学的发生和发展有重大影响的人物，是荷兰乌特勒支学派的兰格威尔德和加拿大阿尔伯塔大学的马克斯·范梅南。其中，“乌特勒支学派的现象学研究对我们今天的影响不在于它的方法启发，其意义更多的是他们的高度的实践参与”，❸ 而范梅南在建构实践知识和人文科学方法论的探索方面做出了巨大贡献。范梅南教授的 3 本中文译著《生活体验研究——人文科学视野中的教育学》《儿童生活的秘密》以及《教学机智——教育智慧的意

❶ 石中英．教师的价值品质及其提升——教师的基本价值品质及其形成［J］．中国教师，2009（1）．

❷ 吴凤平，玛格丽特·泰普林，等．价值教育课程开发过程中教师专业成长的阶段和策略［J］．教师教育研究，2008（3）．

❸ 蒋开君．现象学教育学的源与流：从乌特勒支到阿尔伯塔［J］．教育理论与实践，2011（1）．

蕴》为广大的教育理论工作者和实践者所熟知。他还创办了世界上第一本关于现象学教育学的专业学术期刊《现象学+教育学》(*Phenomenology+Pedagogy*，1983~1992)，对现象学教育学的发展产生了深远影响。

从1983年到1992年，《现象学+教育学》一共刊发学术论文249篇。1983年的创刊号刊登了兰格威尔德的《寂静的秘密居所》(“The Stillness of the Secret Place”)，兰格威尔德的学生托尼·贝克曼的《作为与学生对话的人文科学》(“Human Science as a Dialogue with Children”)，现象学社会学派卢克曼的《常识、科学以及专业化的知识》(“Common Sense, Science and the Specialization of Knowledge”)，美国学者格鲁梅的《教养与教育学之间的相互呈现》(“My Face is Thine Eye, Thine in Mine Appeares: The Look of Parenting and Pedagogy”)。[1] 1989年，刊登了博尔诺夫的《教育学的气氛——从孩子的视角》(“The Pedagogical Atmosphere: The Perspective of the Child”)、《教育学的气氛——从教育者的视角》(“The Pedagogical Atmosphere: The Perspective of the Educator”)等文章。[2] 1990年，刊登了利普茨的《伦理作为教学反思的限制》(“Virtues as the Limits of Pedagogical Reflection”)。[3] 1991年，刊登了德国精神科学教育学(人文科学教育学)的代表作，如莫伦霍尔的《手指游戏：一种教育学的反思》(“Finger Play: A Peda-

---

[1] Phenomenology+Pedagogy [J].Edomonton: University of Alberta Publication Services, 1983 (1).

[2] Phenomenology+Pedagogy [J].Edomonton: University of Alberta Publication Services, 1989 (7).

[3] Phenomenology+Pedagogy [J].Edomonton: University of Alberta Publication Services, 1990 (8).

gogical Reflection”）、《教育中的符号功能》（“The Function of the Symbol in Education”）。[1]

从其历年发表的文章中可以看出，乌特勒支学派比较关注儿童日常生活体验以及大人与孩子之间的关系；德国人文科学教育学注重对现象的分析，在分析中获得真知灼见，对教育学的研究具有启发意义。

1992 年，“《现象学+教育学》已经完成了它的使命”，但由于影响范围日益扩大，许多学者还是希望为教育现象学的研究开辟出一块领地。于是，作为《现象学+教育学》的延续，《现象学与实践》（*Phenomenology & Practice*）于 2007 年诞生。同时，范梅南还通过他创办的现象学在线网站（Phenomenologyonline. com）登载相关研究成果与信息。

从近年来在线网站上登载的文章中可以看出，教育现象学研究的问题呈现出多元化趋势。例如，2013 年第 8 期有关生态伦理和在线学习的文章《无论你去哪，天气会一直伴随着你：气候变化教育的现象学及教育学研究》（“Everywhere You Go Always Take the Weather with You：Phenomenology and the Pedagogy of Climate Change Education”）试图通过气候变化的经验让人们思考，如何让年轻人在一段时间内生活在不可避免的气候变化中，培养他们自然地融合到让人敬畏的生活环境中。2014 年第 8 期以“在线上”（being online）为话题，探讨了信息时代在线学习的一些问题。例如，《我还会与学生相连接吗？在线教学与教育学关怀》（“Will I Ever Connect with the

[1] Phenomenology+Pedagogy［J］.Edomonton：University of Alberta Publication Services，1991（9）.

Students? Online Teaching and the Pedagogy of Care”）一文提到，自从诺丁斯将关怀理论引入教育学领域并承认关怀是教育学关系中的核心价值和要素之后，对教室中关怀现象的研究就十分繁荣。随着在线学习的普及，我们在了解在线学习的重要性时却忽视了一个问题，即在线的指导者（教师）是对学生和自身的关怀体验，所以文章从现象学的视角探寻高等教育在线指导者与学生之间的关怀关系。

总之，无论是《现象学+教育学》《现象学与实践》还是现象学在线网站，都以现实生活中真实的教育问题为核心，不断吸取现象学研究“面向事实本身”的基本精神，形成了以真实、谨慎、丰富、细致的生活体验描述为主的体验研究。

20 世纪末，我国学者开始关注现象学的精神与教育本真需求之间的关系，并试图将现象学的理论和方法引入教育研究和实践中。高伟教授在 1999 年发表的文章《论现象学引入教育哲学视野之意义》中，明确地提出现象学之精神与教育本真追求的契合。文章指出，知识论哲学是现代社会的主流并影响着社会生活的方方面面，当然教育也不例外：

> 我们在歆享知识论给我们带来的丰富的物质文明的同时，也不得不承受对外部世界的认识——技术论和替代论的张扬所带来的人的内心世界和内在情感的荒芜：理性暴政、存在迷失、精神空虚、人文衰微。❶

作者从现象学的视角出发审视教育哲学，力图将现象学的

❶ 高伟．论现象学引入教育哲学视野之意义［J］．海南师院学报，1999（4）．

精神融入其中，使教育哲学回归到真正的“人”的学科，以“人”为坚实支撑构建富有人文气息的教育哲学。文章最后指出，存在论和现象学是教育哲学的应有之义，也是现代以来以知识论为基本导向的教育哲学的根本转向。

此后，国内学者对教育现象学的研究如火如荼。比较有代表性的如首都师范大学宁虹教授的探索。2002 年，他在《现象学教育学探析》一文中指出：

> 现象学教育学把教育理解为参与其中的人与人之间的生活方式，认为教育学不能从抽象的理论论文或分析系统中去寻找，而应该在生活的世界中去寻找，强调教育理论必须关注时代的教育实践，关注现实并对其进行反思。❶

2007 年，宁虹教授在《教育的实践哲学——现象学教育学理论建构的一个探索》中指出，现象学教育学不仅是某种特定的方法，也决不仅仅是几个现象学的术语，甚至不是某一部分内容，而是一种有着本体论意义的理解。❷ 也就是说，现象学带给教育学的不是表面的改变，而是整体结构的转变，是一场教育哲学的完美蜕变。2014 年，他的《教育的发生：结构与形态——发生现象学的教育启示》一文从发生现象学的视角对教育的发生问题进行了细致探讨。此外，宁虹教授还立足于实践，将教师教育与教育现象学的理念相结合，力图使教育现象学走向实践哲学。在《教师成为研究者的现象学意识》一文

❶ 宁虹．现象学教育学探析［J］．教育研究，2002（8）．

❷ 宁虹．教育的实践哲学——现象学教育学理论建构的一个探索［J］．教育研究，2007（7）．

中，他指出：

> 教师成为研究者，并不是要教师去做另一件事情，他所要研究的是怎样使教育的意义在学生身上得到实现，是每日每时在教育的生活世界里所经历的教育本身……我们说教师成为研究者具有强烈的现象学意识，是因为它使人们对于教师和教育研究的理解回到教育本身，关注教育情境中交互主体性的发生和影响，走进教育的生活世界。❶

2011年，胡萨、宁虹在《教师反思何以可能——教师反思的现象学研究及其现实意义》一文中进一步论证现象学对理解教师之教、教师反思以及教师反思何以可能等问题的启示意义。可以说，以宁虹教授为代表的现象学教育学不断推动独立形态的教育现象学的建构，并得到越来越多的认同。

当然，教育现象学及其方法的应用尚属于探索阶段，所以也有学者质疑：

> 教育现象学不可能是现象学的，因为：悬置，完全的悬置不可能实现；教育现象学研究的体验是研究者对他者体验的描述，而现象学是对自我意识的描述。❷

诚然，现象学方法有自身的局限，在研究中完全的“悬置”“还原”也无法做到，但可以将事物还原为“是其所是”

❶ 宁虹．教师成为研究者的现象学意识［J］．教育研究，2003（11）．

❷ 杨开成．教育现象学是现象学的吗［J］．现代远程教育研究，2011（6）．

的状态，直面事物本身，回归到真实的而非理论化、抽象化的世界，了解问题的实质从而解决问题。另外，现象学虽然强调对自我意识的体验，但是生活在一定历史环境中的个人是可以通过“体验”实现人与人之间的“理解”，即“心与心的融通”。总之，“教育现象学是立足于‘现象学精神’的教育追问。”❶

生活体验作为一种教育研究方法被中国的学者所熟知，得益于加拿大阿尔伯塔大学教育学教授马克斯·范梅南的介绍。范梅南教授在其《生活体验研究——人文科学视野中的教育学》一书中明确指出：“本书试图对用于人文科学研究和写作的解释现象学方法作一介绍和描述。”❷ 可以说，这种解释现象学的方法就是生活体验研究。根据范梅南的解释，生活体验研究作为一种研究方法，以现象学为指导，结合阐释学、符号学的基本观点，对教育问题进行“描述”和“解释”，同时以文本形式呈现。具体来讲，生活体验研究作为一种人文科学的研究方法，试图通过主体对真实情景中的教育现象进行体验、反思和描述，还原事情的本来面目，揭示教育事实本身的意义。生活体验研究强调个人体验的原初性、情境性和真实性。所以，研究者需要站在当事人的视角了解他们是如何对自己的生活经验进行体验、描述和解释的，并通过收集自然情境中的原始资料，在个别直观的基础上使现象的共相不断呈现出来；通过现象本身再现现象的“质”，研究是自下而上不断建构价值与意义的过程。

❶ 高伟．教育现象学：理解与反思［J］．教育研究，2011（5）．

❷ 马克斯·范梅南．生活体验研究——人文科学视野中的教育学［M］．宋广文，等译．北京：教育科学出版社，2003：1.

近些年来，随着我国教育研究的不断深入以及对研究方法论、方法问题的持续探讨，研究者们对教育现象学视阈下的生活体验研究这一方法不仅进行了理论上的探讨，还将其应用于具体实践中。

在理论探讨方面，学者们从现象学、教育现象学的视角分析生活体验研究的理论基础、基本内涵和原理等。金美福教授在《生活体验研究：含义、原理与主要环节——范梅南的教育学研究方法论在教师教育意义上的解读》一文中对生活体验研究的含义、特点以及基本原理与环节都做了论述，并指出："只有通过现象学的基本原理的认识才可能理解生活体验研究。"❶ 朱光明、陈向明教授在《理解教育现象学的研究方法》中指出：

> 现象学"回到实事本身"看待事情的态度和方法，要求教育研究"回到教育生活本身"，研究者在研究之前不要先下诊断（prescribe）。而是首先"悬置"前见，关注事情本身是什么样子，将事情如何在意识中显现"如其所是"地描述（describe）出来，让人们知道事情本身（如教师或学生的体验）"是什么样子"，以恢复教育生活的本来面目。❷

同时，文章对教育现象学的生活体验研究程序进行了论

❶ 金美福．生活体验研究：含义、原理与主要环节——范梅南的教育学研究方法论在教师教育意义上的解读［J］．外国教育研究，2004（6）．

❷ 朱光明，陈向明．理解教育现象学的研究方法［J］．外国教育研究，2006（11）．

述，对如何收集材料、进行主题分析以及撰写文本都做了理论探讨。2012 年，张小菲在其硕士论文《生活体验研究——范梅南教育学研究方法检视》中对生活体验研究在理论上进行了分析和检视，进一步挖掘生活体验研究的哲学基础。同时，文章还尝试运用具体方法对教育问题进行实例研究，即有关体罚小学生的体验研究。

对于理论方面的探讨，研究者们基本是从现象学、教育现象学以及教育研究方法等角度为生活体验研究的合理性进行论证，同时为生活体验研究的方法能够作为教育研究的重要方法提供理论上的指导，努力使教育研究摆脱实证主义的僭越，用现象学的精神直面问题本身，从而更好地解决问题。

在实践探索中，学者们也做出了努力。例如，首都师范大学李晋岩的硕士论文《中国学生外语学习的生活体验研究》（2006）将外语学生的体验作为重点，以现象学和解释学为理论指导，采用访谈等方式对研究问题进行还原，使得问题的答案不断呈现；华东师范大学韩少斐的硕士论文《班级中处境不利学生生活体验研究》（2010）通过调查研究的方式，全方位了解研究对象的学习和生活，倾听研究对象的情感体验，力图还原出处境不利儿童的生活原貌，探究造成儿童处于不利处境的根本原因；首都师范大学宋丽的硕士论文《儿童感受师爱的生活体验研究》（2013）从儿童的视角出发，本着“回到实事本身”的态度，关注现实生活，重点研究小学阶段孩子们体验到的师爱。还有一些文章，如《论教师的生活体验写作与教师专业发展》（蔡春、易凌云，《教育研究》2006 年第 9 期）、《秉持现象学态度的教师教育理论研究》（金美福，《教育研究》2007 年第 8 期）、《生活体验研究：教师专业发展的新视阈》(王慧霞等,《大学教育科学》2008 年第 2 期)、首都师范大学硕士论文《小学语文新教师专业成长的生活体验研究》(王莎莎,2011 年)等,认为应该运用生活体验研究的方法去研究、解决真实的教育问题。

综上所述,“生活体验研究”以现象学、解释学等为理论指导,试图通过“面向事物本身”即通过对实际生活的真切体验,更好地理解人类活动和各种现象。作为一种人文学科的研究方法,它的特色在教育研究中不断凸显。作为关注关怀人之最深刻情感的一种研究方法,它直指人的内心深处,力图探寻具体情境中主体的最直接、最真实的感受,还原事实本来面目,更好地解决问题。可以说,生活体验研究使得教育研究不拘泥于实证世界中的量化统计,而更加关注生命的情感和价值体验,赋予生命体验以本体论地位,为教育研究领域吹来了一股新鲜的空气。

五、概念界定

(一)价　值

我们通过价值来思考世界,价值给我们提供行动的方向。那么,价值究竟是什么?在经济学领域,价值是商品的基本属性之一,是指凝结在商品中的无差别的人类劳动。这一概念泛化到哲学、心理学、美学等学科,具有了不同含义。

一般认为,价值意味着有意义,有用处。这种对价值的认识,强调了价值的“有用性”,即价值是指客体满足主体需要的程度,客体对主体“有用”;评价一个事物是否有价值,就看它是否能满足主体需要。然而，由于不同的主体会有不同的需要，所以价值也就具有了相对性。

> 价值（value）在哲学中，与“善”、“可取”、“值得”、“好”、“应当”等概念具有共同的含义，是一个关系范畴，反映客体属性对主体需要的一种满足。❶

这一界定突出了价值与“善”“好”等概念的联系，体现出价值的终极指向。新康德主义者文德尔班将价值理解为形式与秩序，认为它是主体所具有的作为一切知识的标准的普遍正当性规范。❷ 我国心理学家黄希庭等人认为：

> 价值是人区分好坏、美丑、损益、正确与错误，符合自己意愿等的观念系统，它通常充满情感，并为人的正当性行为提供充分理由。❸

这一界定强调了价值与正当性行为的直接关系。石中英教授认为，价值即人们提出和满足需要的正当性原则，它区别于经济学中的有效性原则；同时，价值的三个维度是有用性

---

❶ 林崇德，杨治民，黄希庭．心理学大辞典·上［M］．上海：上海教育出版社，1985：571.

❷ 蒋永福，吴可，岳长龄．东西方哲学大辞典［M］．南昌：江西人民出版社，1997：331.

❸ 黄希庭，张进辅，李红，等．当代青年价值观与教育［M］．成都：四川教育出版社，1994：7.

(utility)、正当性(right)和善性(good)。[1] 崔岐恩根据石中英教授的界定提出：

> 价值指主体在行动时所应该坚持和体现的正确原则，同时也是人们评价其他人行为“对错”(真理意义)、“好坏”(法理意义)或“高尚与低俗”(伦理意义)的重要标准。[2]

当然，想要就某种价值给出确当的定义并找出其普遍特征并不容易。[3] 马克斯·舍勒的价值情感现象学(价值伦理学)强调，我们无法询问所有绿色事物的共同特征，因为这是毫无意义的(我们的回答只能是：所有绿色事物的共同特征是，它们是绿色的；同样，所有善的行为的共同特征就是它们是善的)。可以说：

> 将价值归结为共同特征的尝试是注定要失败的，因为单一的行为或个体足以包含一种真正的价值。价值也不是从所谓的共同特征中派生出来的，因此，要求所有令人沮丧的事物(处于沮丧状态中)都具有共同的特性正如要求

---

[1] 石中英．价值教育的时代使命［J］．中国民族教育，2009(1)．

[2] 崔岐恩．价值品质［D］．北京：北京师范大学，2012：22.

[3] 亚里士多德对在《尼各马可伦理学》中对一些德行条目(值得称赞的品质为德行。这里指价值品质)给予了应然性的界定，例如，温和是怒气方面的适度，温和的人是以适当的方式、就适当的事、在适当的时间发怒的人。这种界定会让我们对这种价值品质有个宏观的了解。但是，什么是“适当”的方式、“适当”的事以及“适当”的时间？事实上，在生活中人们会以不同的“适当”展示这种温和，但我们无法给出它的共同特征，它必须在具体的情景中被体认。

所有的善良之人性格相同一样，似乎都是不明智的。

但是，价值可以通过附于具体的事物上被人们所体认和感知。在伦理学领域：

> 一个人或一个行为是“雅致的”或“粗俗的”、“勇敢的”或“怯懦的”、“纯洁的”或“邪恶的”、“善的”或“恶的”，这并非是通过我们所能给出的在这些事物或过程上的固定标记才能为我们所确定，而且在这些事物或过程中也根本不存在这些标记。在某些情况下只需要一个唯一的行为或一个唯一的人便足以使我们能够在他之中把握到这些价值的本质。❶

也就是说，价值是附于事物（实在）之上被给予我们的，必须回溯到这样一种被给予性上。

因此，本书认为，价值是附于事物（实在）之上“被”给予我们的好坏、善恶的质料，它与人的感受活动或情感体验不可分离地联系在一起。也就是说，价值不能脱离人的情感、感受而存在，价值要借助其他事物实现自身，并通过人类内心的感受活动不断得到凸显和呈现。亦可以说，价值是在对它们的感受（felling）中“被给予”我们的。

不同层次的感受活动所凸显的价值具有不同等级，而感受活动的基本途径就是体验。对于人类社会来说，一直都存在一

❶ 马克斯·舍勒．伦理学中的形式主义与质料的价值伦理学［M］．倪梁康，译．北京：商务印书馆，2011：76，43.

些基本的伦常价值，这些伦常价值维系着人与人之间的和谐相处和社会的持续发展，涉及“善”“好”和“正当”。那么，人类基本的伦常价值有哪些呢？

> 人类的基本价值是人类不同文化传统中共同珍视的一些基本价值品质，如平等、公正、悲悯、和平、诚信、团结、宽容、节俭、体恤弱小等等。这些价值品质是与人成为人有关的价值品质，从一定意义上说，反映了人类的价值共识。[1]

当然，由于认识上的局限和失误，人们也会将一些真正的价值看作否定价值，或将否定价值当成肯定价值。例如，信任本是维系人与人之间友好相处的肯定价值，但是当今社会你对他者的信任有时会被嘲笑为“傻子”，刚正不阿会被讥讽为“迂腐”。另外，由于特殊原因，会将某些“非价值”的事物看作是价值事物。例如，为了某种宗教和政治目的而残忍屠杀无辜的非人道行动，对于那些受到蛊惑的人来说却是神圣的，是具有神圣价值的。或者将一些“较低”价值当成“较高”价值，造成了价值欺罔和心的失序。例如，教育中的功利价值代替了生命价值。而按照马克斯·舍勒的观点：

> 价值和它们的秩序不是在“内感知”或观察（在这里只有心里之物被给予）中，而是在与世界（无论是心里的世界，还是物理的世界或其他世界）的感受着的、活的交

[1] 石中英．价值教育的时代使命［J］．中国民族教育，2009（1）．

往中，在偏好和偏恶中，在爱与恨的本身中，即在那些意向性作用和行为的进行线索中闪现出来。❶

同样，在教育领域，对教师价值品质的认识也是在教师和学生的交往中，在师生的感受活动和情感体验中，在学生与教师的偏好、偏恶的选择中，在教师的爱与恨中，即在教师的那些意向性作用和行为的进行线索中闪现出来。

（二）品　质

在《现代汉语词典》中，品质有两个方面的指向，一方面是指“行为、作风上所表现的思想、认识、品性等的本质”，另一方面指“物品的质量”。在西方，品质的希腊文是 hexis（复数是 hexeis），通常被译为 character/quality/dispostion。在《牛津高阶英汉双解词典》中，character 指人、集体的品质和性格，（地方的）特点，特性，突出的是个体与他人的不同性格和品质。从指向人的意义上看，quality 指人品、素质、品德，如诚实、宽容等品质，含有道德意义和指向。Dispostion 的本意是“安排”“状况”，引申为人的性格、性情。

在中西方的语境下，品质都含有道德上的善或恶的意思。所以，当我们说一个人的品质好/不好时，往往是指他的道德品质好/不好。从个人指向上看，品质具有道德性质，它是伦理学的研究对象。那么，作为伦理学研究对象的个体品质是怎么形成的呢？我们认为，个体品质是通过后天的实践形成，属

❶ 马克斯·舍勒．现象学伦理学中的伦常明察［C］//“现象学与伦理”国际学术研讨会暨第十届中国现象学年会会议论文集．2004：183~195.

于比较稳定的个性心理特征，并通过个体的行为举止得以展现。当然，个体的品质虽然具有一定的稳定性，但不是一成不变的，在教育和个人努力的影响下，个人的品质具有一定可塑性。

我们暂且将人的品质界定为：个体在实践活动中形成的、较为稳定的、具有道德性质和意义的心理特征和行为倾向。

1．品质与人格、性格

人格也称个性。在古代汉语中没有人格一词，只有人性、人品、品格等。[1] 人格是个体在社会化过程中所形成的稳定的心理和行为特征，体现出人与人之间的差异和不同。品质与人品、品格具有相似性，但又不尽相同。后者更多体现的是个体所具有的，与他人不同的品格。而品质不具有这种区分性，某种品质可以是大家共有的，不同个性的人可以有相同的品质。另外，从心理学的视角来看，会有“变态人格”的存在，但这是病理学的问题，不涉及伦理中的善与恶。

在《现代汉语词典》中，性格是指：“在对人、对事的态度和行为方式上所表现出来的心理特点。”在林崇德等人主编的《心理学大辞典》中，“‘性格’与‘人格’是不同的两个概念：性格包含于人格之中，是人格结构的主要成分”。与人格一样，性格更多展现的是人与人之间的不同。性格是一种心理品质，如意志品质、思维品质，是品质的一个方面。与品质不同的是，性格一般不涉及道德上的善与恶。在日常生活中，我们不会说一个人的性格是善的或恶的，只能说是好还是坏。

[1] 林崇德，杨治民，黄希庭．心理学大辞典·上［M］．上海：上海教育出版社，1985：981.

而好坏的标准往往与评价主体的喜好相关，缺少客观性。

总之，与人格、性格相比，品质具有道德意义，它有好坏、善恶之分。在教育教学中，教师的个性更多体现在教学风格（style）上，教学风格无善、恶之别。而品质则可以附于教师的行为举止（manner）中，被学生所体验。学生能够体验到教师身上所具有的品质，并感知哪些品质是好的，哪些是不好的。教师所具有的积极、正向的品质能够体现出道德上的“善”。

2. 品质与德性

德性（virtue）通常指高贵的行为和公民的美德和品质。在汉语中，它多被翻译为德性、德行、美德、良品。❶ 在亚里士多德看来：

> 德性是使得一个事物状态好并使得其实现活动完成得好的品质。而如果是这样，那么，德性也就是使得一个人好并使得他的实践活动完成得好的品质。❷

亚里士多德将德性视为在后天实践中获得的一种行善倾向，能够体现对人对己的“善”；它是一种支配人们选择的气质，是一种人道的行事方式。❸ 德性属于品质，品质不等于德性。人的品质可分为两类：良品（virtue）和劣品（vice）。其

❶ 马永翔．美德，德性，抑或良品？［J］．道德与文明，2010（6）．

❷ 亚里士多德．尼各马可伦理学［M］．廖申白，译．北京：商务印书馆，2003：26.

❸ A. 麦金太尔．追寻美德［M］．宋继杰，译．南京：译林出版社，2003：242.

中，前者是善的、好的、正当的，后者是恶的、坏的、不正当的。

综上所述，品质是个体在实践活动中形成的、较为稳定的、具有道德性质和意义的心理特征和行为倾向。品质既包括良品又包括劣品，它通过个体的外在行为予以呈现。

（三）价值品质与教师价值品质

伦理学中对品质有善恶、正向与负向、正当与不正当的价值判断。所以，品质与价值相关。品质是附于人格上的价值，并通过个体的行为得以展现，即个体的每一种品质都是一种价值（良品是正价值，一种较高的价值；劣品是负价值，较低的价值），每一种品质都是以价值的形式向我们呈现。

本书认为，个体的价值品质是从属于个体人格的价值，它是个体在实践活动中形成的、附于个体行为举止之中并能够被他人所体验到的价值质料。而教师的价值品质是从属于教师人格的价值，它是教师在社会实践特别是在教育教学活动中形成的、附于教师行为举止之中并能够被他人所体验到的价值质料。教师的价值品质始终是直观地被给予的，即通过师生的感受活动和情感体验不断地得以呈现和凸显。学生可以在与教师的交往中体验到教师的价值品质，教师可以通过自身的体验和对他者的体验之再体验明晰自身的价值品质和价值秩序。或者说，教师的价值品质在学生的体验和自身的体验中被给予。

既然教师的价值品质是通过其行为举止得以呈现，那么它只能通过人们的“体验”而“被给予”。然而，如何区分哪种价值品质是优秀品质，哪种又是低劣的品质呢？这就需要一个价值判断，而判断的依据来源于两个方面：首先，是社会普遍认可的价值原则，包括特定社会、国家、种族的法律规范等规范性原则，以及人类共同协商的伦理性价值原则；其次，是个体心中先天的价值秩序。先天的价值秩序永远指向更高的价值实现，但在外在因素的影响下也会造成“心的失序”。社会所认可的价值原则始终是外在于个体的价值形式，它在不同的时代、国家和种族有不同的表现形式。以规范性价值原则为例，世界各国在对待安乐死、同性恋、死刑等问题上有不同的规范和条例；同样，各国对教师职业的具体规范也各有不同。再以伦理性价值原则为例，《新约》中将谦卑视为一种美德，而亚里士多德则将谦卑视为与慷慨相对的“恶”。可以看出，社会所认可的价值原则是变化的。至于先天的价值秩序，则不会随着时代的变迁而变化，它是每个人心中客观存在的。这种先天的价值秩序需要个体的“明察”，需要个体对价值的体验，才能不断地明晰。所以，作为价值判断的来源，它常常被社会中的价值原则所取代，人们更愿意服从社会中既定的价值原则而放弃对先天价值的明察。然而，这种先天的价值秩序始终像一盏明灯。无论个体如何选择、如何行动，它都会像一个评判者一样，评判个体的是非对错。

（四）体　验

体验，❶一般是指通过亲身实践来认识周围的事物。在心理学中，体验作为人的一种基本心理活动，是意识的重要组成部分，包括知觉和想象。在哲学领域，“体验”（erlebnis）首

❶ 体验与经验不同，经验一般指人们从实践中获得的知识和技能，它是一种理性认识，而体验则是对生命情感的直接洞察，它是对内在生命的直接把握。

次出现在黑格尔的一份旅行报告中，但他并没有给出明确的内涵。19 世纪 70 年代，体验一词才被普遍使用。狄尔泰最先赋予它概念性的功能并使其成为一个价值概念。可以说，自狄尔泰起，体验便成为西方现代解释学、现象学中一个极其重要的核心概念。

1. 经历与体验

经历是一个动词，它不同于从他人身上获取的经验，也不同于推导、猜测或者想象所得。“经历是具有一种用以把握某种实在东西的‘直接性的特征’。”可以说，亲身经历是一种最直接的感受和认识，这种认识先于解释、概括和抽象，是非反思的认识。同时，经历还指“发生的事情还继续生存着”，即对所经历事情的感受不随事件的结束而消失，而是“继续生存着”。体验（erlebnis）作为名词，是经历（erleben）一词的再构造。这种再构造是以两个方面的意义为根据的：

> 一方面是直接性，这种直接性先于所有解释、处理或传达而存在，并且只是为解释提供线索、为创作提供素材；另一方面是由直接性中获得的收获，即直接性留存下来的结果。……如果某个东西不仅被经历过，而且它的经历存在还获得一种使自身具有继续存在意义的特征，那么这种东西就属于体验。❶

简单来讲，体验是个体直接获得本源感受的基础和途径，

❶ 汉斯-格奥尔格·伽达默尔．真理与方法［M］．洪汉鼎，译．北京：商务印书馆，2013：92~93.

它是对生命情感和生存价值的直接觉察，是一种非规定性的思，在主客体的统一中经历着生命历程和周遭世界的变化。体验对存在的影响是持续的。

2. 体验与生命

体验一词体现了现代工业时代人们对理性主义、实证主义导向下机械化、单一化生活的反抗，体现了对情感、价值、生命整全、审美自由等富有人文色彩的人之生活的呼唤。

作为德国唯心论的重要概念，生命一词与抽象的知性相对立，它指向整体和无限的关系。狄尔泰认为，生命就是在体验中所表现的东西，每一种体验都是无限生命的一个要素。体验本身存在于生命整体里，因此，生命整体也存在于体验之中。

> 生命和体验的关系不是某个一般的东西与某个特殊的东西的关系。由其意向性内容所规定的体验统一体更多地存在于某种与生命的整体或总体的直接关系中。

可见，体验是与人的生命密切相关的，它表达了人之生命的完整性。同时：

> 由于生命客观化于意义构成物中，因为一切对意义的理解，就是“一种返回（ZurÜckÜbersetzen）”即由生命的客观化物返回到它们由之产生的富有生气的生命性（Lebendigkeit）中。所以，体验概念构成了对客体的一切

知识的认识论基础。❶

也就是说，从认识论的角度来讲，体验是认识客体事物的基础。

在现象学中，体验被理解为一种意向关系。现象学家梅洛庞蒂通过对身体的强调来说明体验的重要作用：

> 身体并不是单纯的肉体，身体本身就具有“我思”的功能；人只有经过身体的参与，让身体进入世界，才能实现自我。身体参与的具体形式就是体验。离开了体验，即便有理性上的“知”，我们也未必真正能知。❷

胡塞尔用了一个形象的比喻说明体验及被直观到的实存对于认识的意义：

> 一个天生的聋子知道，有声音存在，并且声音形成和谐，并且在这种和谐中建立了一门神圣的艺术；但他不能够理解，声音如何做这件事，声音的艺术作品如何可能。……对只是被知道、而不是被直观到的实存进行演绎，这是行不通的。❸

可见，教师若仅限于“知道”关心、公正、爱心、同情、

---

❶ 汉斯-格奥尔格·伽达默尔．真理与方法［M］．洪汉鼎，译．北京：商务印书馆，2013：104，99.

❷ 王卫华．教育现象学何以研究教育体验［J］．复旦教育论坛，2013（5）．

❸ 胡塞尔．现象学的观念［M］．倪梁康，译．北京：人民出版社，2007：34.

耐心、信任等是教师应该具有的价值品质，却没有亲身体验，就不会理解这些价值品质为何重要，以及如何付诸实践。如果这些价值品质在与学生的交往过程中没有被体验到、直观到，那么，就不代表教师真正具备这些价值品质。

体验是认识的源泉。没有体验，对事物的认识便是脱离生活的抽象概念。自生命哲学到现象学再到存在主义哲学，体验作为人文科学的独特概念，不仅是认识论的，也是方法论的。它是认识的基础，也是认识的途径。

总之，无论是作为认识的基础还是途径，体验都蕴含着深切的人文关怀。由体验而来的人文知识并不是固化的知识，也不是名词化的想法，而是一种内在的智慧状态（范梅南语）。体验的世界是意义的世界，是活生生的人的世界。通过体验，可以把握生命的整全，了解存在的意义。体验是个体对事物最原初、最深沉的直接领悟，它先于反思、解释，不同于抽象思辨的理论体系。体验能够在瞬间对人类生存的境遇给予深层察觉，是个体作为一个完整的生命投身于生活之中的生存方式。每一个存在都在体验着这个五彩斑斓的世界，世界是人们体验着的世界。可以说：

> 感性个体生活着，也就是在体验着，正是通过个体的体验、个体之间对彼此体验的“体验”，个体生命才得以融入历史之中，生活中无数的细微的事件才融合为普遍的历史性价值；正是通过体验，个体生命才与历史产生关联。体验因此也就意味着个体的亲历，意味着个体对其生

命的“参与”和解读，意味着对其生命意义的领会和把握。❶

现象学研究关注事实本身，力图通过主体的真实体验来发现意义，进而引起反思。在教育领域，对体验的重视标志着教育研究中对“人”的重视，使得教育转向体验世界。对于什么样的教师是好教师，每一个教育主体都有自己的体验和解读，而怎样体验着，就决定了怎样存在着。所以，体验决定了存在的样态。教师具有怎样的价值体验，具有怎样的价值品质，就决定了他在日常教学生活中的行为举止。

六、研究方法论及方法

方法一词在希腊文中是“沿着”和“道路”的意思，一般指为了获得某种东西或达成某种目标而采取的手段与行为方式，它是一种“求道”的工具。❷ 具体来说：“‘方法’就是人为了达到一定的目的而必须遵循的原则和行为。”❸ 方法不是空洞的、孤立的，它不仅与研究对象以及研究主体的思维方式密切相关，更与一定的方法论相关联。所谓方法论，是关于方法的理论，是有关认识方法、思想方法以及行为方法的理论体系，是一个方法和研究思路存在的根据和理由。方法论对方法

❶ 高伟．体验：教育哲学新的生长点［J］．湖南师范大学教育科学学报，2003（7）．

❷ 北京师范大学教育学部郑新蓉教授在讲授《教育研究方法论》课程时指出：思想是道，方法是求道的工具。方法论与方法是道与器的关系。

❸ 陈向明．质的研究方法与社会科学研究［M］．教育科学出版社，2000：5.

的选择与应用具有指导作用，二者是“道”与“器”的关系。

（一）研究方法论：人文科学方法论

教育是关乎人的哲学，是人的存在（此在）的存在方式。然而，人的存在不仅是自然生命的存在，更是精神生命的存在。精神性是人区别于动物的本质特性，是人之生命的灵魂。人若没有精神生命，就无异于行尸走肉。所以，教育作为此在的存在方式，与精神、价值、意义相关。教育不能仅仅体现人类的生存功能，更要彰显人类的精神价值。从本体论意义上讲，教育作为此在的存在方式，与人的精神相关，与人的存在意义相连。人文科学研究是对活生生的人的生活经验的研究。从学科属性上来讲，教育研究属于人文科学研究。❶ 人文科学方法应该是教育研究的核心方法，人文科学方法论是本书的方法论基础。

人文科学既不是自然科学也不是社会科学，它是有关人类价值和精神表现的人文主义的科学。人文科学的倡导者认为，科学不仅指自然科学，更是指一切系统化的概念体系。人文科学有其自身的研究对象，即鲜活的生命个体（人）以及与之紧密联系的文化、价值与意义。人文科学的任务不是寻找客观世界的因果规律，也不是描述社会现实，而是从精神上对人类进行价值引导以及价值劝喻。它展示的是人们心灵中对崇高的渴望与灵魂纯洁的坚守，它引领人类走向应然的存在状态（ought to be）。

---

❶ 虽然人的生命也具有自然属性，教育也有其工具性，但是从本体论意义上来讲，教育是此在的存在方式，人是精神生命的存在，提升、彰显人之精神生命是教育最为核心的价值。从这个意义上来讲，教育学科应该属于人文科学。

法国著名思想家帕斯卡尔说过，心灵有自己的思维方式，这是理智无法把握的。自然主义、实证主义研究范式在人文学科研究中存在很大的局限性，对因果律的探讨无法解决人文学科中价值与意义的问题，造成了价值与实事的两分，使得具有鲜活生命的个体不断被标准化所束缚和异化。所以，研究人类的心灵、价值和意义问题需要人文科学方法论的引航。人文科学（狄尔泰称作精神科学）研究的是人的精神生活、内在世界。它的基本内容是价值与意义的体验、表达和理解，这也是人文科学的认识论和方法论基础。史学家德罗伊森认为，自然科学方法论与人文科学方法论的区别在于“说明”方法与“理解”方法之间的差异。此后，无论是狄尔泰的解释学方法论还是以海德格尔、伽达默尔为代表的现象学方法论以及哈贝马斯的批判解释学都对“理解”的方法给予了极大的关注。至此，“理解”“体验”的方法成为人文科学研究的主要方法。

教育活动的核心是人与人（教师与学生、学生与学生以及教师与教师）之间的交往，而人文科学研究中的“体验”“理解”方法能够构建一座桥梁，沟通人的心灵，探寻不为人知的心灵密码，打开内心的枷锁，解决教育中存在的最本源的问题。

狄尔泰认为，理解分为初级形式和高级形式。初级形式的理解是通过体验具体行为、表情姿态中的共同性来解释和体会表情与行为背后隐藏的意义和信息。高级形式的理解是把握对象的整体关系，从而对外显行为所体现的精神进行更好的把握。在教育研究中，不能仅通过研究对象的外显行为就做出价值判断，而应该通过理解发掘出行为背后所隐藏的价值与意义，找到其动因，这才是解决教育问题的关键。它要求研究者对研究对象有整体的把握，对与其相关因素进行整体考察，进而从理解的初级形式过渡到高级形式。

由于人类的共同性，个体可以通过“重新体验”返回到他者的生命性之中。作为教育研究者，应该努力通过体验返回到他者的经历中，感受他者之感受，与他者产生共鸣，为研究提供真实可信的资料，进而找到产生问题的原因，提供最佳的解决方案。

> 人们总是以自己的官能作为判断他人相同官能的尺度。我用我的视觉来判断你的视觉，用我的听觉来判断你的听觉，用我的理智来判断你的理智，用我的怨恨来判断你的怨恨，用我的爱来判断你的爱。我没有，也不会有任何其他方法来判断他们。[1]

教育研究者只有返回到他者的生命经历中，才能在心灵上与他者并行，切身体会他者的感受，从而做出判断。

（二）研究方法

本书采用的是教育现象学之体验的研究方法。这是现象学的研究方法在教育领域的应用。作为现象学的分支，无论是先验现象学还是存在主义现象学，抑或是解释现象学，都重视人们在日常生活中的体验，并强调努力获得这种体验的本质和意义。可以说，现象学研究意味着对人之生活体验的研究。现象

[1] 亚当·斯密．道德情操论［M］．王秀莉，等译．上海：上海三联书店，2008：14.

学研究的核心要素及基本准则：首先，是“回到事情本身”，或曰面向事情本身。它要求研究回到真实的情景中，回归到人之生存论的意义上。“现象学研究必须是情景性的，它是对情景的研究，而不是对一组预先选定的变量的研究。”❶ 而“回到事情本身”，就是回到教育中具体的、真实的情景中，收集当时当地体验者的真实情感，并努力理解这些体验对与体验者的意义。其次，是“悬置”。在现象学的研究过程中，强调研究者对以往观点的悬置，将以往的认识“加括号”。悬置已有观点并不是完全抛弃前见，而是暂时将前见搁置或悬而不论。这是为了避免研究者盲目地固守以往的观点，影响对真实答案的探寻。再次，是重视意向性的体验。意向性（intentionality）是现象学的核心概念，它的本质特征在于指向性，即意向总是关于某物的意识，而这种意识将人与世界相连接，使人成为世界的一部分。最后，是体验描述，即现象学的描述是返回语言，用语言去描述。❷

> 对于现象学者来说，描述体验的世界是了解人类意识的最好方式，因为它作为一个鲜活的实体在那里存在。❸

可以说，在体验描述中个体的意识才能被揭示。所以，现象学研究重视通过体验描述揭示个体的意识活动，从而理解体验的发生和意义。

教育研究作为人文科学研究，要求我们对生活体验保持一

❶❸ 洛伦S. 巴里特，托恩·比克曼，等. 教育的现象学研究手册［M］. 刘洁，译. 北京：教育科学出版社，2010：38，44.

❷ 刘良华. 从“现象学”到“叙事研究”［J］. 全球教育展望，2006（7）.

种现象学的敏感性。本书基于人文科学方法论的立场，以现象学的研究方法为指导，重视“体验”在研究中的作用，故而采用教育现象学生活体验研究的方法。教育现象学的生活体验研究以个人经历的体验为起点，重视收集他人的体验描述与意义阐释的资料，并进行整理分析。具体的操作方法如下。

1. 收集资料

（1）通过“体验描述”收集资料。收集体验描述，是指研究者对他人（被访者）亲身生活体验的描述的收集。

> 现象学研究的意义就是“借用”他人的经验及其对经验的反思，在人类经验总的背景下，更好地理解人类经验某一方面的更深层意义或重要性。[1]

体验描述资料以书面写作为主，研究者要求被访者写下个人的某段生活经历，并要求被访者用感性的、直白（非艺术化、理论化）的词汇描写自身所经历的具体事件，并对内心体验（感觉、情绪、情感）给予深入细致的表达。

在本书中，将体验材料按照教师体验材料与学生体验材料进行分类和编码。教师体验材料以姓氏缩写和呈现顺序编码。例如，“JT-W-Ⅰ”，J代表教师，T代表体验材料，W代表教师姓氏缩写，Ⅰ代表第一份；依此类推。学生的体验材料以学生姓氏缩写和呈现材料的顺序编码，如第一份学生体验材料为“XT-S-Ⅰ”，依此类推。

---

[1] 马克斯·范梅南．生活体验研究——人文科学视野中的教育学［M］．宋广文，等译．北京：教育科学出版社，2009：78.

（2）通过“访谈”收集资料。本书以对话访谈为主要形式。

> 对话访谈又有极为独特的目的：它可以探索和收集经验故事素材，以便对人类现象有更为丰富和深入的理解；访谈还可以作为一种载体用于发展与同伴（被访者）之间就某一经历的意义进行探讨的对话关系。[1]

需要注意的是，研究者要以严谨的态度确定自己的问题，使访谈过程以问题为中心逐步展开，避免访谈变成不着边际、毫无重点的闲谈。

在本书中，一部分访谈是针对体验材料的提供者进行的，另一部分是对研究对象的直接访谈。教师的访谈资料按照其教育阶段（小学、中学、大学）及访谈时间编码。例如，“JF-X-2014/4/20”，J代表教师，F代表访谈，X代表被访教师是小学教师，2014/4/20代表访谈时间；“JF-Z-2014/5/10”，Z代表中学教师；“JF-D-2014/4/25”，D代表大学。对于学生的访谈，主要是让受访者回忆自己所遇到的喜欢或不喜欢的教师。受访者中有在校就读的学生，也有已经离开学校的成年人。在本书中，也进行了编码。例如，“XF-2014/3/15”，X代表学生，F代表访谈，2014/3/15代表访谈日期。

2. 资料分析与主题表述

资料分析就是分析、整理通过体验描述、访谈等方法收集

[1] 马克斯·范梅南．生活体验研究——人文科学视野中的教育学［M］．宋广文，等译．北京：教育科学出版社，2009：84.

到的材料，以发现共同的主题。

> 我们对每一个描述进行依次分析，尽可能从受访对象所运用的语言中选出对这个体验而言的重要元素……通读每一个描述，并从中找出该事件中对于受访对象来说的关键时刻……定稿之前，让受访对象通读一遍我们的分析……将你选定的主题进行一一比较，然后列出共享主题。[1]

也就是说，通过分析体验材料和访谈资料，将主题不断提取出来。在此过程中，研究者与被研究者不是主客体的研究与被研究关系，而是共同协商。研究者要征询被研究者的意见，从而保证提取出的主题更加准确、适当。在主题确定的过程中，研究者、被研究者、体验材料之间是一个循环开放的动态关系。这样，不仅可以避免研究者过于主观或武断，而且可以使被研究者参与到研究中来，激发其积极性，从而为研究提供更多的、有意义的素材。

七、研究思路及计划

教师的存在论问题是教育研究的本体论问题。那么，在现代性背景下，教师究竟是谁？教师应该是怎样的存在？本研究以此为出发点，以教师价值品质为探讨教师存在问题的立

[1] 洛伦 S. 巴里特，托恩·比克曼，等．教育的现象学研究手册［M］．刘洁，译．北京：教育科学出版社，2010：61~65.

足点。

研究的基本思路是，运用教育现象学体验研究的方法，直面事实本身，深入真实的教育生活。一方面，通过真实情景中的情感体验探寻教师价值品质形成的动因以及影响其形成的因素；另一方面，通过分析学生的体验描述，还原学生的真实感受，从中提取价值主题，并运用哲学、伦理学、教育学等学科知识对价值主题进行分析。

在此基础上，借鉴马克斯·舍勒价值伦理学的观点，进一步探寻为什么有些价值品质会对学生产生深刻且久远的影响，这些品质作为价值质料是如何打动人心的，并以此为教师的应然存在方式提供理论支撑。之后，再从现代性价值失序的背景出发，探寻阻碍教师良好价值品质形成的因素，进而探寻提升教师价值品质的可能出路。

具体的研究计划如下：首先，选择处于不同教育阶段的教师，请他们提供日常教学中发生的、对于真实事件的"体验描述"；其次，扩大受访对象，随机选择学生、教师、家长或是社会人士，通过对话访谈等方式进一步收集资料；再次，进行资料整理与主题分析；最后，是文本呈现。

八、创新之处与重点难点

（一）创新之处

本书可能的创新点在于，以主体的生命情感体验而非形而上思辨或量化的路径来理解教师的价值品质，并通过价值情感体验"自下而上"地对教师的核心价值品质进行提炼。同时，按照马克斯·舍勒的方式，对教师价值品质进行价值等级分类。这不仅可以更直接地呈现教师所具有的价值品质及其在价值级序中的位置，为教师改变心性，提升其价值品质的等级提供理论基础，而且还能更好地解释现实教育情景中师生关系的实际问题，并为处于两难情景中的教师提供正确的行为导向。

简而言之，本书以价值情感现象学为理论依据，通过教师价值品质对教师的存在论问题进行研究，重视学生主体对教师价值品质的价值体验，为教师伦理学研究提供一个新的路径。

（二）研究的重点难点

研究的重点在于，借助教育现象学的研究方法，通过对教师在真实情景中教育行为的分析以及学生对教师价值品质的切身体会与真实描述，敏锐、准确地提炼出教师行为举止中所展现的价值品质，并对其进行理论分析和价值排序。而研究的难点也在于，是否能够通过此方法对教师的价值品质予以准确、恰当的提炼与分析。在此项研究中，需要抽丝剥茧般地分析问题，方能达到预期的目标。

第一章　教师的价值体验及价值品质的形成

人类的选择以及行为表现，都与特定的价值体验息息相关。要真正理解一个人，最基本的途径就是认识他的情感、了解他的价值体验以及价值秩序。个体心中的价值体验和价值秩序决定了他在实践中的行为举止和价值选择。当某种价值被体验、被认可、被不断践行，就会形成个体较稳定的价值品质。因此，价值情感现象学认为：

> 对人而言，所谓事物的“本质”的“核心”始终在他的情性赖以维系之处。凡是远离人的情性的东西，人始终觉得“似是而非”和“不在其位”。人的实际的伦理，即他的价值取舍之法则决定着他的世界观和他对世界的认识与思考的结构和内涵，同时决定着他对事物的献身意志或主宰意志。❶

通过教师的体验描述，提炼教师的价值体验并进行分析，可以使我们站在主体的立场上更鲜活、更生动地理解教师如何体验教育中的价值以及教师价值品质的形成。同时，在教师生

---

❶ 马克斯·舍勒．爱的秩序［M］．林克，等译．北京：生活·读书·新知三联书店，1995：48.

动的描述中，能够更加清楚地洞察教师教育行为背后的真正动因。

一、教师的体验描述与价值分析

下面是三位教师的体验材料，描述了他们在面对不同教育事件时的行为反应和价值体验。我们在反复通读的基础上，对材料的主题及价值进行分析：

> 通读每一个描述，并从中找出该事件中对于受访者来说的关键时刻。这些时刻“像飞溅的火花”从描述中迸发出来……用“新奇的眼光”阅读每一个描述，一次又一次地，让事件自己说话。❶

（一）体验描述

1. 体验描述 JT-W-Ⅰ

> 学校举行秋季运动会，我们班的孩子都积极参加，但是得奖的并不多。虽然看着孩子们都拼尽全力了，可是因为没有得到名次，没有给班级加分，我心里不太高兴，也没有给予很多安慰，只是淡淡地告诉他们坐在本班指定位置休息。

❶ 洛伦 S. 巴里特，托恩·比克曼，等．教育的现象学研究手册［M］．刘洁，译．北京：教育科学出版社，2010：61.

运动会最后一项，是教师接力赛，我们班的学生们都很兴奋，因为接力赛的教师中有我。当我要走上跑道，我们班的学生一下沸腾了，都兴奋地喊着："老师，我们给你加油!"我是跑的第三棒，当枪声响起，准备接棒时，我们班的学生突然都跑到了我站的位置的跑道外侧。我当时顾不得多想，但当我接过接力棒，开跑的一瞬间，耳边传来了40多名学生歇斯底里的"老师，加油!"更令人吃惊的是，这些声音一直跟着我。我在跑道里跑，跑道外是我那40多名一边飞奔着一边呼喊着"加油"的孩子们。短短几十秒，孩子们的声音一直在耳边，孩子们的身影一直在身旁，他们都用实际行动陪着我、鼓励我！这种鼓励和陪伴让我体验到了有生以来最真的、最美的感动。

其实，孩子们何尝不需要这样的鼓励，何尝不需要这样的陪伴！而有时作为教师的我们真的做得不够，做得不如学生。因为，老师有时经常被一些所谓的"目标"遮住了眼，看不清孩子，也看不清自己。[1]

第一段的主题句：

JT-W-Ⅰ.1. 运动会中（学生）积极参加（比赛），但得奖不多……虽然（学生们）拼尽全力了，可是没有得到名次，没有给班级加分。

JT-W-Ⅰ.2. 我心里不太高兴，也没有给予很多安慰，只是淡淡地告诉他们坐在本班指定位置休息。

[1] 需要指出的是，上述描述资料本没有分段，将其分为三段是根据教师不同的价值体验而做出的，以便于接下来的主题分析。

第二段的主题句：

JT-W-Ⅰ.3. 耳边传来了40多名学生歇斯底里的“老师，加油”……令人吃惊的是，这些声音一直跟着我。我在跑道里跑，跑道外是我那40多名一边飞奔着，一边呼喊着“加油”的孩子们。

JT-W-Ⅰ.4. 他们都用实际行动陪着我、鼓励我……我体验到了有生以来最真的、最美的感动。

第三段的主题句：

JT-W-Ⅰ.5. 孩子们何尝不需要这样的鼓励，何尝不需要这样的陪伴。

JT-W-Ⅰ.6. 我们真的做得不够，做得不如学生。

JT-W-Ⅰ.7. 老师有时经常被一些所谓的“目标”遮住了眼。

上述体验材料的主题词可以归纳为：积极参加，拼尽全力，得奖，名次，加分，不高兴，安慰，淡淡地；陪着，鼓励，感动；目标，眼。

2. 体验描述 JT-H-Ⅱ

我与学生之间发生的事大多都是些平淡无奇的日常教学琐事，但只有一次，记忆最深刻，也最令我后悔。那是一次公开课，本来我已经安排好课代表在一上课先进行课前演讲，然后同学们点评，然后我再自然导入新课，可是，我的这位课代表在演讲时屡次卡壳。当时，教室里坐满了前来听课的老师，这个学生声音颤抖，目光求助般地看着我。可是，在我的再三提示下，他还是磕磕巴巴地背不下来。因为那是一节公开课，我很着急，他已经耽误了很多的时间，所以就用眼光狠狠地看着他，这个孩子当时就把头低了下去。因此，后面的点评和新课导入不能很好地进行，而我也因此心里恼火，加上公开课较为紧张，就乱了阵脚。那节课讲得很不好。更令我难过的是，从此那个学生对于语文学习再没有了以往的信心和自信，与我交流也总是刻意避免与我目光对视。一切只因我那次用责备的眼神回应了一个求助的心灵。

这段描述中的主题句：

JT-H-Ⅱ.1. 那是一次公开课，我已经安排好课代表在一上课先进行课前演讲。

JT-H-Ⅱ.2. 课代表在演讲时屡次卡壳……教室里坐满了前来听课的老师。学生声音颤抖，目光求助般地看着我。我再三提示，他还是磕磕巴巴地背不下来。

JT-H-Ⅱ.3. 那是一节公开课，我很着急，所以就用眼光狠狠地看着他，这个孩子当时就把头低了下去。而我也因心里恼火，加上公开课较为紧张，就乱了阵脚。那节课讲得很不好。

JT-H-Ⅱ.4. 更令我难过的是，从此那个学生对于语文学习再没有了以往的信心和自信，与我交流也总是刻意避免与我目光对视。一切只因我那次用责备的眼神回应了一个求助的心灵。

进一步提炼的主题词为：公开课，屡次卡壳，磕磕巴巴，着急，心里恼火，狠狠地，头低了下去，紧张，讲得不好，更加难过，信心，自信，回避，责备，求助。

3. 体验描述 JT-Z-Ⅲ

我考上特岗教师的那年，应聘到了现在的学校。刚来这个学校的第三天，由于这里地处偏远，条件艰苦，又得知每周只能回一次家，还要跑这么远的距离，我就和校长提出我不能在这儿任教了。我正准备离开的前一天晚上，有几名女同学哭着来到了我的宿舍，要求我留下来，我当时敷衍她们说明天再说。就在第二天，我准备离开时，仅仅带了不到一周的9（2）班有一半的同学都已经泣不成声。因为这里的条件，换老师是常事儿，尤其是英语老师，他们被换老师换怕了，他们确实需要一名对他们真正负责任的英语老师。我似乎瞬间转变了想法，一种不能离开的责任感油然而生，我决定不走了。从那以后，我一直在这儿任教。我现在觉得很充实，现在经常还有那一届的学生打来电话和我说："您是我所经历的老师中最喜欢的。"作为老师，学生的每一次感谢的话语，我都觉得是千金不换的。

这段描述中的主题句：

JT-Z-Ⅲ.1. 这里地处偏远，条件艰苦，每周只能回一次家……我不能在这儿任教了。

JT-Z-Ⅲ.2. 有几名女同学哭着来到了我的宿舍，要求我留下来，我当时敷衍了他们说明天再说。就在第二天，我准备离开时，仅仅带了不到一周的9（2）班有一半同学都已经泣不成声。

JT-Z-Ⅲ.3. 这里的条件，换老师是常事儿，尤其是英语老师，他们被换老师换怕了（尝试了解学生的心理感受）。

JT-Z-Ⅲ.4. 他们确实需要一名对他们真正负责任的英语老师。我似乎瞬间转变了想法，一种不能离开的责任感油然而生。

JT-Z-Ⅲ.5. 我现在觉得很充实，现在经常还有那一届的学生打来电话和我说："您是我所经历的老师中最喜欢的。"作为老师，学生的每一次感谢的话语，我都觉得是千金不换的。

进一步提炼的主题词为：艰苦与离开；学生要求，学生需要，瞬间，责任感，不走了；充实，感谢，千金不换。

（二）价值分析

1. 材料 JT-W-Ⅰ中的价值事态与情感体验之价值

首先，JT-W-Ⅰ.1 句是运动会中学生的"不佳"表现所呈现的价值事态；JT-W-Ⅰ.2 句描述了教师面对价值事态的情感体验和行为反应。从教师的情感反应和行为表现中可以看出，在教师心中"得奖、名次、加分"所呈现的价值要比"积极参加、拼尽全力"所呈现的价值更重要。而当教师所重视的价值没有实现时，他必定会"不高兴"，进而对"虽然尽力了"但是"得奖不多"的学生比较冷漠，即"没有安慰、淡淡地……"

其次，在 JT-W-Ⅰ.3 句中，学生的行为体现出他们对教师无私的鼓励、支持和陪伴；JT-W-Ⅰ.4 句描述了教师从学生的行为中体验到价值（陪伴和鼓励）而深受感动。当面对学生真诚的鼓励和无私的支持时，教师首先是"吃惊"而后"感动"，吃惊于学生们的执着（学生的声音一直跟着我），感动于学生真诚的鼓励和陪伴。在这里，“陪伴”和“鼓励”所呈现出的价值被教师体会到、感悟到。

最后，体验描述 JT-W-Ⅰ中的第三段描述，展现的是教师通过反思而得出的结论，即在自己与学生的行为做对比时，由推己及人而产生愧疚感，认为自己做的不如学生，因为“老师有时经常被一些所谓的‘目标’遮住了眼”。通读整个体验描述，可以推断出，这个“目标”就是“得奖、名次、加分”等所呈现的外在价值。而被目标遮住的“眼”代表什么呢？我们认为，“眼”一方面代表了更高的价值形式，是每个个体心中都存在的先天价值秩序；它与“良知”相似，能够在每个人的感受中发现基本的价值意识。另一方面，“眼”的功能是“看”，所以它又代表了个体向内心深处“反思”和“洞察”先天价值秩序的能力。从这段话中，能够感受到教师的价值体验在发生变化，原本具有较高价值的“得奖、名次、加分”似乎并没有“陪伴和鼓励”所承载的价值更高。

2. 材料 JT-H-Ⅱ中的价值事态与情感体验之价值

在教师的体验描述 JT-H-Ⅱ中，JT-H-Ⅱ.1 句向我们呈现了一个价值事态：这是一次“公开课”。在我国，公开课是指教师要在公开场合上课，即讲课教师不仅要面对自己的学生，还要面对同事、领导或其他参课人员。公开课是向学生传递知识的一种教学模式，其质量更是评价教师业务水平的一个“硬指标”。所以，教师对公开课都有一定的价值期待，希望通过公开课向领导和同事展现自己的教学水平，获得较好的评价。为了使公开课取得好的效果，教师事先“安排”好了“课代表”做演讲。“刻意安排”成绩不错的学生开场，说明教师对公开课所承载价值的重视。

然而，在 JT-H-Ⅱ.2 句中，向我们展现了一个意外的情景：事先安排好的学生在演讲时却“屡次卡壳”，教师再三给予提示仍然“磕磕巴巴”。这预示着教师所期待的价值有可能无法实现。紧接着，在 JT-H-Ⅱ.3 句中，教师再次强调了这是一次“公开课”，这是为了强调公开课所承载的价值和意义。然而，因为学生的不佳表现，公开课没能满足教师的价值期待，所以他“很着急”“心里恼火”。具体的行为表现就是：“狠狠地”看着学生。教师将不满和怨气指向了这位紧张、无助的学生，而学生最终“把头低了下去”。之后，教师也由于紧张乱了阵脚，最终“讲得很不好”。JT-H-Ⅱ.4 句属于事后的结果和反思。这虽然不属于教师即时的情感体验，但是，也可以帮助我们分析教师体验到其他价值或更高价值时的感受状态。从描述中可以看出，事后，当教师发现这位学生对于语文的学习没有了信心和自信以及有意回避他的目光时，他“更加难过”。

“公开课”作为价值事态，承载着对教师教学技能“好”与“坏”的价值评价。学生“屡次卡壳、磕磕巴巴”的行为表现阻碍了教师所追求价值的实现，所以，面对这一事实，教师“着急、心里恼火”并以“狠狠地”目光责备学生。此刻，教师的行为举止展现出顺利完成公开课的价值要高于呵护和鼓励此时此刻更加窘迫、紧张无助的学生。然而，当他体验到学生失去了“信心和自信”所承载的负向价值时，他“更加”难过。这种“难过”比公开课失利所造成的“难过”程度更深。这说明教师在反省公开课上对待学生的行为，并对更高的价值进行体验和反思。

3. 材料JT-Z-Ⅲ中的价值事态与情感体验之价值

在体验描述JT-Z-Ⅲ中，JT-Z-Ⅲ.1中的描述首先呈现的价值事态是：学校地处偏远，条件艰苦。这让教师感受到“不舒适、不适宜”的负向价值。这是教师选择离开的原因。在自然情况下，当人们意识到负向价值的存在时，总会趋向选择正向价值而避免负向价值的实现，如选择“舒适和适宜”而避免“不舒适和不适宜”。

然而，当教师面对学生们再三真切的恳求（JT-Z-Ⅲ.2），他尝试站在学生的角度去理解学生的心理感受（JT-Z-Ⅲ.3）。在“同情心”的推动下，他感受到了一种“更高”的正向价值——责任感（JT-Z-Ⅲ.4）。所以，在避免“不适宜、不舒适”的负向价值或在“适宜和舒适”的正向价值与“责任”所呈现的正向价值之间，教师“似乎瞬间”决定选择后者，选择了更高的正向价值。每当这位教师听到学生对他说“您是我所经历的老师中最喜欢的”这种来自学生内心的肯定和接纳，都让他觉得“千金不换”。在这里，我们能够体会到在这位教师心中学生对他的“肯定和接纳”所呈现的价值分量。

通过对以上分析，我们认识到，教师对价值的体验决定了教师在具体教学情景中的行为。具体来说，教师在教育教学实践中体验了不同的价值，在心中形成了“更高”或“更低”的价值秩序。❶ 当教师将某种价值视为“更高”的价值时，其

❶ 这里的价值秩序与“先天”的价值秩序不同，先天的价值秩序是客观存在且从低到高的价值排序，而这里的价值秩序是个体在实践中形成的，具有主观性。它可能与先天价值秩序具有一致的方向，形成“爱的秩序”，也有可能与之相反，形成“心的失序”。

行为会以实现这一价值为导向，而忽视或放弃其他价值的实现。例如，当教师将“奖励、得分、名次、荣誉、舒适”所呈现的外在价值视为“较高”价值时，“鼓励、陪伴、信心和自信、责任”等价值则被忽视。然而，在人类先天的价值秩序中，后者所处的价值等级是高于前者的（第三章中会具体分析），人们的情感总会“偏好”后者。所以，当教师体验到后者时，前者的优先地位就会受到质疑。在这里，前者代表着外在功利、实用价值。无论是运动会上所取得的名次和奖励，还是公开课上的优秀表现，都会直接关系到优秀班集体的评比，关系到教师的奖金、晋升、荣誉，等等。教师作为社会中的个体，毕竟不是不食人间烟火的圣人，所以对外在目标有所追求也是毋庸置疑的。但是，如果外在目标成为教师唯一的价值追求，内在之“眼”就会受到蒙蔽，先天价值的秩序就会发生混乱、“失序”，以获取外在的实用价值、功利价值为主的价值秩序就会在教师心中慢慢形成，教师的行为举止便会以此为导向。在此过程中，以功利价值为导向的教师价值品质也会通过教师的行为举止被给予、被呈现。

二、教师价值体验中的“应然”与“价值”

（一）“观念的应然”与“规范的应然”

通过上文的分析，我们认为，教师在教学生活中的行动与其对价值的体验相关。教师认为“应当如此行动”是因为体验到了“应然”的价值。这个“应然”，不是行为规范中的“规范的应然”，而是存在于个体心中的“观念的应然”。

价值情感现象学家舍勒对“观念的应然”与“规范的应然”进行了区分。他指出：“在应然以内，我已经将‘观念的应然’区别于所有其他那些同时展示着对一个追求的要求和命令的应然。”“观念的应然”是存在应然，“规范的应然”是指向一个愿欲或行动的应然，前者是后者的基础，“因为所有义务始终也都是一个意愿行为的观念存在应然（Seinsollen）”。[1] 我们这里所说的“应然”是“观念的应然”，指的是观念中的所应之物应当存在，它“不依赖于任何社会历史的实际组成，而仅仅依据在现象学明察中自身被给予的那些本质或本质联系（价值先天）的‘存在应然’。它的‘应然力’来自于价值先天本身。”[2] 换句话说，“观念的应然”是存在于人内心之中的价值先天的应然展现，它不依赖于特定社会的义务规范系统，其应然的力量来自价值本身所发出的召唤，即只有价值才“应当”存在或“不应当”存在，而肯定价值应当存在，否定价值不应当存在。所以，任何应然都以价值为前提。

> 凡是在谈及一个应然的地方，必定首先已经发生了一个对价值的把握。……一个行动“应当”存在，其前提是，这个“应当”存在的行动的价值在意向中被把握到。[3]

简而言之，“价值”优先于“应当”而存在，而不是“应

[1][3] 马克斯·舍勒．伦理学中的形式主义与质料的价值伦理学［M］．倪梁康，译．北京：商务印书馆，2011：305，278.

[2] 张任之．舍勒对苏格拉底问题的回答——一门现象学的规范伦理学之引导［J］．哲学研究，2011（10）．

当”优先于“价值”。一个行动“应当”存在是因为这个行动本身承载着一定的价值。然而，需要注意的是，只有应当存在的行动中含有肯定价值，才是真正的应然存在，否则就会产生价值的欺罔。

（二）“观念的应然”与价值

在上文的体验描述中，鼓励、陪伴、责任等行为所承载的“较高”的先天价值在教师的意向性感受活动中得到呈现，所以鼓励、陪伴以及负责任的行动“应当”存在，而“冷漠”地对待学生呈现了负向的价值，所以不应当存在。这种应当存在、不应当存在的行动的价值，可以在现象学的伦常明察中把握。同时，还可以看到，这里的“应然”暗含着所应之物的尚未存在，即“应然”总是指向本应存在但尚未存在的价值。在对本应存在价值的追求中，个体并不是通过意欲、命令、规范的形式来意指它们，而是通过对本应存在但尚未存在之价值的对立面的“排除”。例如，在描述 JT－W－Ⅰ中，教师对鼓励、陪伴所呈现之正向价值的追求并不是通过意欲来意指它们，而是通过对自身行为（冷漠地对待比赛失利的学生）所承载的负向价值的排斥。同样，在描述 JT－H－Ⅱ中，教师通过对自身行为（狠狠地瞪着学生）所承载的负向价值的排斥而追求本应存在的价值。在描述 JT－Z－Ⅲ中，教师通过对“不负责”的排斥而追求“责任”所承载的价值。

所以说，“应然”不仅意味着对肯定价值的追求，更意味着对否定价值的排斥。在教育教学活动中，教师所秉持的应然观念与其对价值的体验息息相关。当教师所秉持的“应当如此行动”的观念是奠基于正向的、更高的价值之上时，我们说他的行为是善的，是具有德性的行为。而当某种行动含有否定价值或倾向于较低价值的实现时，则认为他的行为是恶的，或者说是不正确的。

三、教师价值体验的特征

（一）人格自主性

对价值的体验是教师人格（person）对价值的体验，它展示了人所具有的自主性和能动性。那么，人格是什么呢？价值伦理学认为，人格是具有精神活动能力的人所特有的，动物不具有人格。同时，人格不是内感知的对象，即人格不是指某个理性活动的X，也不是自我、心灵或自我意识。

> 人格本身恰恰而永远不可能是对象，更不会是实在的“事物”；它仅仅作为它所进行的行为的具体统一而“存在”（ist），并且仅仅在这些行为的进行中存在；它亲历（er-let）每个存在和生活。❶

人格是意向性行为的进行，并在意向性行为的统一中而存在，通过意向性行为亲历生活、体验生活。所以，人格（具有精神活动能力的个体）对生活中价值的体验是具有意向性的自主、积极的过程，而非被动、消极的过程。在现实生活中，人

❶ 马克斯·舍勒．伦理学中的形式主义与质料的价值伦理学［M］．倪梁康，译．北京：商务印书馆，2011：693.

格的形成是个自身聚合过程，它受到生活于其中的环境和自身经历的影响。从这个意义上来讲，人格就如同海德格尔存在论中的“此在”，是一个可能性的人之存在样态。人格在“可能之在”的境遇中积极主动地对价值进行体验，并在此基础上选择价值。而人格也只有在积极、主动地对价值进行体验和选择的过程中，才得以显示作为精神生命的人所特有的伦常价值和尊严。在教育领域中，教师对价值的体验是通过意向性行为对自身进行的积极且主动的筹划过程。

同时，人格具有自律性。人格的自律是对自身的“善”“恶”进行明察的自律。然而，我们不能说自律的人格本身就是善的，只能说人格的自律是形成伦常之善的前提。我们认为，真正的自律是人格的自律而不是康德所说的理性的自律，即人格的自律在根本上是指人格自身的自主性，而不是对规则、义务的被动遵守。在教育生活中，对价值的体验是教师人格积极主动且自律自主地对价值的体验和选择过程。这种自主性与自律性优先于教师作为特定社会角色对奠基于规范应然之上的价值的被动认知与遵守。

需要指出的是，对价值进行自主体验并不完全是个性化的，它只是表明个体是主动地体验。至于体验到怎样的价值以及在体验过程中受到哪些因素的影响，则需要进一步分析。

（二）情感先在性

价值体验的情感先在性是指在价值认识过程中，情感体验可以先在、直观地通过现象学还原指明价值。具体来讲，在对价值的认识上，情感体验优先于理性认知。

情感作为人之所以为人的“如是在性（sosein）”[1]可分为身体情感和精神情感，而是否具有“意向性”（intentionality）是二者的重要区别。意向性体现的是一种指向性，是指对某物的意识。身体情感是非意向性情感，它是一种心理状态，体现的是一种感受状态或曰感官感受。而精神情感作为价值情感，是意向性情感，它直接指向价值及价值秩序，是个体的感受活动。身体情感受制于意向性的精神情感。在教学过程中，教师通过爱与恨、羞耻、懊悔、同情等意向性情感将价值以及心中的价值秩序予以呈现，即价值以及价值秩序通过教师的意向性情感直接被给予。或者说，教师意向性情感的对象只能是先天的价值以及价值秩序。这里的“先天”并不是康德所指的与经验性知识相对的、具有纯粹性和普遍性的“形式先天”，而是能够通过现象学的本质直观被直接指明的“质料先天”。值得注意的是，情感体验中的情感不再是理性主义者所鄙夷的那种杂乱无章、随意无序的情感，而是具有自身内在逻辑、有理有序的意向性情感。人类认识世界的最初方式不是理性反思，而是最直观的价值体验和感受。人们通过对世界的感受体验着高兴、难过、愉悦、悲伤等情感，这些身体情感虽然不直接指向先天的价值，却与通过意向性感受即明察所呈现的先天价值具有一致的方向性。所以，情感体验是通向先天价值的最直接的路径。由感受活动体验到的价值最终会归属到不同的先天价值领域。

教师对价值的认识不同于确定性知识的认知方式。在价值

[1] 马克斯·舍勒．哲学与现象学［M］．倪梁康，等译．北京：北京师范大学出版社，2014：（前言）3.

认识上，意向性情感具有先在性。所以，在价值认识中草率地对待情感是荒唐可笑的。既然教师对价值的体验具有情感的先在性，那么情感作为个体生活以及伦理生活的基本质料，便可以作为教师伦理建构的价值性基础。

教师对价值的体验是其“应然”观念形成的前提。同时，它也是促使教师“应当”做什么、“不应当”做什么的前提。在教师对价值的体验和应然观念的形成过程中，其心中的价值秩序会不断形成，并指引教师在具体的教育教学情景中选择价值。而教师心中价值秩序形成的过程就是教师价值品质形成的过程。所以，教师价值品质的形成与教师对价值的体验息息相关。那么，哪些因素影响着教师对价值的体验呢？或者说，哪些因素影响着教师价值品质的形成呢？

四、教师价值品质的形成

教师价值品质是从属于教师人格的价值，它是在社会实践特别是在教育教学活动中形成的、附于教师行为举止之中并能够被他人所体验的价值质料。教师价值品质是通过对社会中的一些价值原则的内化，在教师心中形成一定的价值秩序（价值优先法则），最终通过教师的行为举止得以呈现的价值质料。教师价值品质的形成以教师对价值的体验为基础。所以，探讨教师价值品质是如何形成的就要从影响教师对价值之体验的因素入手。我们认为，既然教师的价值品质是将社会中某些价值原则内化，那么特定时代、特定社会的价值观念、规范、原则等都会影响教师价值品质的形成。所以，我们不能回避作为“人”的教师在特定文化和生活境遇中所秉持的价值观念及其自身作为伦常之人所具有的价值品质。同时，作为“教师”的人如何理解教育、理解教师的价值，以及如何看待教师所应该遵守的规范与义务，也是影响教师价值品质形成的关键因素。

（一）作为“人”的教师

在教育实践中，不是教师的“角色”在教学生，而是教师作为“人之存在”（此在）影响着学生，即教师首先作为人而存在。因此，若想了解教师的价值品质，就不能回避教师作为人之存在的经历对其品质形成的影响。对于个体而言，成为什么样的人或做什么样的事情，都以价值感受为前提。所以，我们要关注教师作为人“可能之在”的境遇和在世界之中的价值体验。

1. 人之存在的可能性：为什么选择做教师

人的存在是具有无限可能性的存在。人不仅在世界中“遭遇”这个世界，还创造着自己的生活。作为人的存在，一方面受到特定时代和社会的制约，另一方面又主宰着生活的事实。所以说，动物是生存着，而人却是生活着。作为人之存在，可以能动地思考世界，并在世界中筹划自身。

作为人之存在，其发展具有无限的可能性。如果选择做一名教师，就选择了教师所具有的可能生活；如果选择做一位法官，就选择了法官所具有的可能生活；依此类推。然而，人之生命的有限性又阻碍了选择多种“可能生活”的可能性。所以，人们只能选择适合自己的“可能生活”。当然，每种可能的生活也对应着特定的责任和义务。选择做一位教师，就选择了教师应有的责任，要与身心尚在成长之中的学生交往，不仅要教会他们知识，更要引领他们成为有责任感、有道德感和义务感的合格公民。在面对多种可能性时，“此在”也是根据这种可能性来理解自己的存在，筹划自己的前途。

那么，在多种可能的生活面前是什么因素影响着“此在”的选择呢？存在主义学派的代表人物海德格尔认为，“此在”的“先行具有”“先行见到”以及“先行掌握”指引“此在”的价值选择。所谓“先行具有”，就是此在所处的文化传统的影响；“先行见到”，是指此在之前所见到的事情；“先行掌握”，是从概念和知性上所认识的东西。这些“先行结构”制约着此在的理解和筹划。也就是说，人们的生活取向、行为方式以及对自身的种种“筹划”都会受到特定文化传统的制约，受到固有的思维方式、道德观念、价值观念的影响。

以一个被研究者的体验材料为例：

> 小学一年级时，语文老师白老师问大家的理想是什么。同学们有的说想成为医生、明星，还有科学家的。二十余年过去了，又有谁记得他们曾经许下的诺言呢？但是我敢说：“我记得！”我记得那时年幼的我不假思索地回答：“我要当一名语文老师。”（材料来源：JT-L-Ⅳ）

当研究者询问L老师为何想当一名语文老师时，他的回答是：

> 我觉得教师这个职业在我们国家还是很受尊重的，而且我特别喜欢我当时的语文老师，她写字特别漂亮。另外，是个人的兴趣吧。我喜欢写作文，喜欢学语文。（材料来源：JF-X-2014/4/20）

受儒家文化的影响，尊师重道成为中国传统文化的一部分，人们对教师的认识是“受尊重的”。这就是“先行具有”对个体筹划的影响。而“特别喜欢我当时的语文老师，她写字特别漂亮”，是“先行见到”对个体筹划的引导。“先行把握”即“我喜欢写作文，喜欢学语文”，是个体对语文这门学科的理性认知。以上这种“先行结构”规划了“此在”的存在，而“此在”的意义和价值就体现在他对自己的“筹划”中。“意义就是这个筹划的所向。”❶ 人们所筹划、选择的东西，就是生存的意义之所在，也是“此在”作为人之存在的价值之体现。个体对自己的筹划体现了对某种意义的认同和对某种价值的选择。想成为一名教师，就意味着认同附于这个职业上的价值。

在访谈中，当被问到“为什么选择当教师”时，“稳定的收入”“良好的社会地位，受人尊重”“有寒暑假（可以有时间照顾家庭）”是常见的原因。稳定的收入和较长的假期体现了教师职业的实用价值（经济价值），受人尊重体现了教师职业带给个体的精神价值。当然，除了以上回答外，还有个别教师谈到，是受到某位老师或父母的影响，希望自己成为那样受人尊重的人。这是榜样的影响（精神价值的体现）。当然，无论出于何种原因，教师职业都让他们体验到了一定的价值，并期待通过教师职业展现自身存在的意义和价值。

2. “此在”的筹划：成为怎样的教师

“此在”总是以某种存在者的身份显现于世间，所以，要

---

❶ 马丁·海德格尔．存在与时间［M］．陈嘉映，王庆节，译．北京：生活·读书·新知三联书店，1987：185.

探究“此在”的意义就必须从“存在者”出发。“此在”作为“可能之在”，选择了作为教师的可能生活。他必须以教师的身份“去存在”，并赋予“教师”含义，塑造他心中的教师形象。任何一个人都不是既定的“教师存在”。“我究竟要成为什么样的教师”这一问题便是“此在”从存在者出发去探讨人生意义和价值的通道。

只要作为人的个体存在，他就筹划着，即“人从本质上对在世进行筹划是此在这种存在者的存在方式”。[1]因而，筹划是个体对自己生存可能性的筹划。在确定以教师的身份展现自身价值后，个体就要“继续筹划”成为一名怎样的教师。“此在”通过对自身的理解和对未来的筹划，努力“成为你所是的”的存在，放弃不想成为的存在。你可以成为严厉的教师、温柔的教师、负责的教师、懒散的教师，等等。可以说，人作为可能性的存在，通过“理解”自身与世界的关系进而“筹划”自身的发展。于是，人就按照自己的意志筹划自己的可能性，从而造就自身。

在“成为一名怎样的教师”的筹划中，可以按照“先行具有”“先行见到”的教师形象去塑造自己。

说起“老师”这两个字时，我内心第一感觉便是严肃，甚至还有点可怕。老师留给我的第一印象如被供奉的神一样高高在上，不可亵渎，甚至不敢直视。可能是“先入为主”的缘故吧，从我站上讲台那一天起，我也在有意

[1] 马丁·海德格尔．存在与时间［M］．修订版．陈嘉映，王庆节，译．北京：生活·读书·新知三联书店，2006：169.

> 无意之间板起面孔向学生传递知识。……“至高无上是老师，言听计从是学生”的想法却也根深蒂固、在我思想中极富生命力地活着。（JT-L-Ⅳ）

“严肃”“可怕”“如被供奉的神”是个体对教师形象的价值体验，而“高高在上”与“言听计从”则是个体对师生关系的体验。所以，当他筹划自身的教师形象时，就会向学生“板起面孔”，即以“板起面孔”来维持、实现教师“严肃”的价值品质，从而让学生“言听计从”。

然而，个体也可以抛弃这些固有的“先行结构”，按照自身的理解和价值体验去塑造自己的教师形象。教师作为人之存在，能够且必须对自己将要成为怎样的教师进行筹划。而怎样筹划并“去存在”，便是怎样的教师。

> 我当老师的时候，就想着不要成为我大学老师那样的就好！我的大学老师都很刻板，没激情。怎么说呢，就是给你感觉都高高在上的，与学生有距离。讲课又重视理论不重视实践，学生没积极性，去上课也是应付，大多数同学就为了考试及格勉强来听课。我不想成为这样的老师，所以我现在当老师就不会把自己放在高高在上的位置。我和学生很平等，我鼓励他们对我提要求，我也尊重他们的想法，会及时改正自己的不足。讲课的时候也会尽可能地联系实际情况，让课堂活跃起来，学生才能积极参与进来。（JF-D-2014/4/25）

当讲述者体验到自己的大学老师比较刻板、高高在上、讲课无趣等负向价值带给学生的负向感受时，他希望摒弃这些价值，使自己成为尊重学生、富有激情、与学生平等相处的教师。这说明作为“人”的教师虽然会受到“先行结构”的影响，但他是“有为的”“能动的”存在，他能体验到不同的价值，并通过意向性的感受活动直接体验到哪些价值“更高”或“更低”。所以，个体不是千篇一律地扮演着教师的“角色”，而是在丰富多彩的教育生活中不断地体验着不同的价值，并将自身所体验、所认可的价值不断内化，形成内心中的价值秩序，以此展开作为“人之存在”的意义与价值。

总之，无论“此在”如何筹划自身，都与其价值体验密不可分。斯宾诺莎说：

> 德性的基础是保持人的自我存在（to preserve one's own being）。……一个人企求幸福，企求行为正当，企求合理生活，总是同时希望活着，希望行动，希望生活——换言之，希望真正地存在（to actually exist）。[1]

所以，真实存在的个体对教育、对教师职业的价值体验不仅是其选择做教师的出发点，也是形成教师价值品质的源泉，即成就教师德性的基础。作为人的存在对价值的真实体验展现了个体自我的真实存在。可以说，“此在”对价值的体验与对其“可能性”的“筹划”联系在一起，最终决定了自己的“何所是”。

---

[1] 杨国荣．伦理与存在——道德哲学研究［M］．上海：上海人民出版社，2002：5.

（二）作为“教师”的人

作为“教师”的人是指以“教师角色”来展现其存在之意义和价值的个人。由于遗传因素、生活经历等因素的影响，每一个教师都会有自己的性格特点：活泼的、内敛的、热情的、冷漠的、积极的、消极的，等等；同时，也会出于不同的“前见”对教师职业有不同的价值期待。可以说，每一个教师都是带着已有的作为“人”的品质和“前见”走入教师这个职业的。然而，无论具有怎样的性格特点，无论是基于何种理由选择这个职业，一旦成为一名正式的教师，就要履行教师角色所应承担的义务并遵守相应的职业规范。而在对规范和义务的遵守与履行过程中，具有某种价值品质的教师形象就会形成。

古今中外，随着社会发展，人们对教师形象有着不同的认识和定位。在中国传统文化中，教师不仅传递知识、答疑解惑，还肩负着“传道”的使命，即传天道、自然之道和做人做事之道，以“化民易俗”，培养德才兼备的君子。所以，教师的地位与“天、地、君、亲”并列，人们对教师具有较高的期望和道德期待。作为万世师表的孔子，提出教师要学而不厌、诲人不倦、无私无隐、热爱学生、以身作则、教学相长。荀子认为：“师术有四，而博习不与焉：尊严有惮，耄艾有信，诵说不陵不犯，知微而论。”（《荀子·致士》）也就是说，仅有广博的知识、具有传习之术的人不在教师之列，做教师有四个标准：一是有尊严使人敬畏；二是年纪较长且有威信；三是在不违背师道的前提下，对知识做精确恰当的讲解；四是能够体会到精微的道理并予以阐发。中国传统的师生关系更像是父子关系，“一日为师，终身为父”，教师对学生具有绝对的权威。总之，传统中的教师形象不仅要知识渊博、爱学生、乐于奉献、无私无隐，更要德高望重，成为世人之楷模。可以说，这种“神圣道德”的要求一直影响着人们对教师形象或教师价值品质的认识，教师角色所具有的道德性价值品质成为我国教师的主导形象。

隋唐之后，科举制成为主要的选士制度。在“学而优则仕”传统理念的推动下，教师与学生的命运一同被捆绑在科举考试上。师生之间一荣俱荣，一损俱损，科举考试的成绩不仅影响学生一生的命运，也影响着教师的仕途。这种对学生考试成绩的重视一直影响至今。在当代中国学校教育的各个阶段，学生的考试成绩与教师的奖金、晋升等实际利益挂钩。在竞争与生存的压力下，教师往往以帮助学生取得“高分”为主要或唯一的价值追求。在此过程中，不乏教师以严厉、不苟言笑甚至是辱骂、体罚的方式来“激励”学生或使学生努力学习。社会上对“优秀教师”的评价也往往局限在分数上。可以说，在一切以“功利价值”为导向的价值追求中，教师角色本应具有的道德性质不断被稀释。

在此情况下，人们对教师角色的期待也出现了矛盾。一方面，人们认为遵守和履行基本的教师行为规范、帮助学生取得“高分”的就是好教师；另一方面，由于传统的影响以及教师职业的特质，人们对教师“神圣道德”的期待又从未消失。例如，人们常常歌颂教师舍身救人的献身精神，对教师的不当行为嗤之以鼻甚至进行道德上的批判。在这两种期待之间，出现了道德断层。这种道德断层导致教师对自身角色的品质价值的认识模糊不清。例如，有些教师认为自己只是个“经师”，选择做教师只是因为这个职业能给自己带来某些外在的、有用的、工具性的价值；学生对他来说更像是“顾客”，知识就像产品，教师行为守则和规范就像是交易原则，他按照交易原则将产品卖给顾客、获取经济利益是毋庸置疑的；所以，在教学过程（交易）中，他无须对“顾客”赋予更多的情感，更无须承担道德上的责任。秉持这一价值原则的教师在与学生交往中恐怕只能让学生感受到冷漠的品质。而有些教师体验到了教师职业带来的精神价值，认为教师不仅是“经师”更是“人师”，因此会自觉履行道德义务，在教学中给予学生更多的关心、信任和鼓励，学生也能够体验教师行为举止中所呈现的积极价值品质。总之，作为“教师”的人对教师角色所应具有的品质的体验是影响教师价值品质形成的一个重要因素。

简而言之，教师首先作为可能性的人格之存在，在不同的生存环境及先行结构的影响下会对教育、教师职业具有不同的价值体验或价值期待。在对价值的体验和对自身可能性的筹划过程中，某种价值品质会逐渐形成。而特定的文化背景及社会所赋予的教师角色的品质更会影响作为“教师”的人对自身角色的价值定位及价值品质的形成。可以说，教师价值品质的形成是一个动态的过程，一个好老师首先要具备一个好人、好公民的价值品质。从存在主义的视角来看，作为“人”的教师和作为“教师”的人是同一的、不可分离的整体。所以，教师的价值品质是作为“人之存在”的教师与教师角色融为一体的价值展现。

（三）从价值体验到“去-存在”

亚里士多德认为：“德性在我们身上的养成既不是出于自

然，也不是反乎于自然的。”❶ 德性不是人类天生所具有的，不是自然给予之物，但也不是“反乎自然”的，因为人类有能力通过实践获得德性，即通过与他人的交往，在观察、模仿及实践中获得德性。品质作为德性的属，与德性一样需要通过实践获得。亚里士多德的德性论强调，德性是德行的基础，德行是德性的展现。具体来讲，人类不能天生具有温和、公正、友爱、勇敢等品质，但“可以通过做公正的事成为公正的人，通过节制成为节制的人，通过做事勇敢成为勇敢的人”。❷我们认为，价值伦理学在这一点上与亚式的德性论有一定的共同性，因为价值伦理学认为个体通过对价值的体验而形成应当的观念，并在应当的基础上“去-存在”而形成稳定的价值品质。所以，价值品质的形成也需要不断践行。

在教育教学领域里，教师要形成与学生相关的积极的、正向的价值品质，就需要在价值体验的基础上不断去践行这些价值品质。仅仅体验到某些品质是重要的但没有去践行，就不能说具备了这些品质。或者说，仅仅对某种道德品质产生了认识和情感，不足以说明获得了某种道德品质，品质的获得需要具体实践。那么，品质或德性一旦获得就不会消失吗？亚里士多德的回答是：德性如果不经常实践也会消失。他说：“德性因何原因和手段而养成，也因何原因和手段而毁丧。”❸也就是说，通过实践获得的德性如果不经常在实践中应用也会自动消失。所以，在教学活动中，教师要将体验到的价值在具体的教学情景中运用，给学生树立良好的榜样，同时还要帮助、引导

❶❷❸ 亚里士多德．尼各马可伦理学［M］．廖申白，译．北京：商务印书馆，2003：36.

学生在实际生活中养成良好的价值品质。可以说，教师价值品质形成的过程就是从教师对价值的体验到以观念的应然为标准“去-存在”的过程。

那么，在教育教学或曰在师生交往的过程中，究竟哪些价值品质是教师应然具有的呢？我们认为，倾听学生的情感体验，倾听学生对“优秀教师”与“不受欢迎教师”的价值体验，可以进一步明晰这个问题。

第二章　学生对教师价值品质的体验

在教育教学活动中，教师和学生是双主体。在师生交往过程中，教师的价值品质可以通过其行为举止被学生感知，即学生对优秀教师有自己的情感体验。在评价或认定哪些品质是教师应有的，哪些是应该摒弃的，学生主体最有发言权。教师的教育对象是学生，学生在与教师的交往中获得某种感受。教师的一颦一笑、一言一行对学生来说蕴含着某种价值质料。我们可以通过学生对某种价值事态的体验，了解学生心目中的优秀教师与不受欢迎的教师。我们认为，人们的体验并非是个别的、偶然的，其情感以及感受能力在特定文化背景中是共通的、一致的，既是现时的体验，也是对现时的反映和理解。

一、老师，我爱您

什么是优秀教师？在师生交往中，教师最重要的价值品质是什么？是满腹经纶、掌握各种教学技能，还是内在美德？抑或是兼而有之？究竟有何种价值品质的教师可被认定为优秀教师？我们以“我心中的好老师”为主题，希望被访者对自己最喜欢的教师进行描述，可以以某件事情为例来描述自己的真实情感体验。具体内容包括：你最喜欢的教师是谁？为什么喜欢他？他的哪些品质吸引了你？

（一）体验描述

以下是几位被研究者写下的体验描述片段。

开学第一天，所有小朋友都安静紧张地坐在教室里，大家在等待分班。两位老师站在讲台上（大张与小张），一个年轻漂亮，烫着洋气的卷发，声音甜美，笑容可亲；另一个年纪大一些，齐耳短发，神情肃穆。“分给年轻老师，分给年轻老师……”我心里一直默念道。但是我的名字从大张老师口里念了出来，我顿时感觉像泄了气的皮球，还带有一丝怨恨，我为什么这么倒霉，分给了一个老太婆……

大张老师的课怎么可以这么有趣，她怎么会有那么多故事，她的表演也好形象啊！……每次上大张老师的课，我的脑袋就会打开想象的匣子，有时到了下课也关不上，好想回答她提的问题，可是好胆小不敢举手，真是痛苦……

“为什么闹钟不走了？”大张老师举着闹钟问全班同学。“没水了！”大部分人回答道。“不对，还有谁知道原因？”大张老师微笑着继续问道。“停电了！”又一种问答。张老师依然摇摇头，带着微笑，等着下一个回答。各种回答噼里啪啦都出来了，一直知道答案的我再也无法忍受被我认为是“弱智”的这些答案。我鼓足勇气，大声（其实声音依然很小）说道：“没上弦！”“非常好！”大张老师很高兴地向全班宣布：“她的答案是对的！”我偷偷瞥了一眼，好像大家都在看我，感觉好骄傲，好开心，但还

是好紧张，脸发烫啊…… 在以后的学习中我敢于大胆回答问题了，甚至是抢答……（材料来源：XT-S-Ⅰ）

林老师经常表扬、鼓励我。因为我是跨专业的学生，对课程讨论、论文写作没有信心，也找不到方向，林老师的课上经常推荐同一主题的一系列好文章，课上他会和我们一起讨论……在学习中，我逐渐有了自信……也顺利找到了毕业论文选题。

在论文写作中，每当遇到想不通的问题，我都会请教林老师。他不管多忙，都会以学生的提问为先，耐心地帮我分析，厘清思路。初稿完成后，林老师多次找我面对面地一起修改。他教给我怎么标记例句，怎么标识方言中没有规范汉字的读音，甚至连每一个标点符号都会当面帮我修改。看到老师的认真，我一方面很钦佩，另一方面也很羞愧自己没有认真写论文。（材料来源：XT-D-Ⅱ）

童老师非常关心我。小学升初中的时候，本来我应该就读的学校是乡里的初中，教学质量相对较差，而当时我学习成绩很好，童老师好几次去我家和我爸妈沟通，希望我可以去教学质量较高的市里的初中就读。刚进市里的学校时，我在学习和与同学相处中不是很自信。童老师听说了情况后，再次去家里和我沟通，鼓励我，让我渐渐树立了自信。在那之后的学习和生活中，每当遇到困难，我都会想起童老师的鼓励。他的关心和鼓励是我求学路上重要的动力。（材料来源：XT-R-Ⅲ）

我是不被（老师）看好的学生，很多老师认为我是考不上高中的。所有人里只有王老师，他斩钉截铁地说："你是一定能考上的。"那个时候，在所有人都不信任你也都不看好你的时候，有这么一个人相信你，而且是身体力行地用行动，不仅是语言，行动上也信任你。这个时候我就觉得特别有力量，然后我就努力地学习，参加模考。每次成绩也不是特别好，但每次就一点一点进步，别的老师也一直没看好我，没觉得我有什么希望。但是就是这个人，他信任你，义无反顾地断言这个孩子一定没有问题（考上高中）。他说对了，我也做到了！（材料来源：XT-Q-Ⅳ）

我们学校不让带零食。有一次我把零食放在课桌里了，第二天一看，没了。然后有同学告诉我，前一天晚上他们在打扫教室时张老师来到教室看到了我桌里的零食，然后张老师就把零食拿出来打开，分给大家吃。没人吃他就自己吃了，他还让同学们转达给我说以后教室里不能出现零食。当我听完其他人对这件事的描述后，觉得这个老师有点儿与众不同，他不会像其他老师那样因为我违规而批评我，也不会把零食没收、扔掉或是怎么样，而是直接打开吃了，还是自己吃了。这让我觉得有点儿惊讶，觉得这不像是一个老师，男老师，中年男老师会做的事。不过同学们也觉得张老师是个活生生的人，不做作，不教条，不高高在上。他用这种有些幽默的方式提醒、教育了我，我也不好意思再带零食了。（材料来源：XT-T-Ⅴ）

李老师是一个文学、书法爱好者，学物理专业教的却是数学。讲课讲不清楚，但会说："等一下，我就不信我讲不清楚。"我头一次感到"老师也可以如此无能"。其实老师也是人，也有不足和困惑，所以我们也不怕做错题。我们的课堂很随意，让我们选择自己想做的题目，我们偏挑难题做。他组织奥赛，和我们比赛做题，奖品是草稿纸，他经常输。他最大的爱好是练书法，带着我们练书法。就是这样的数学老师，数学的中考平均分96点多，他让我们班级的成绩突飞猛进。（材料来源：XT-C-Ⅵ）

包老师关心学生，热爱知识。我入学的时候他已经得了癌症。在我入学的第二年，他的病恶化了，可是他坚持来学校给我们上课。每次在他上课之前，班级里的男同学就去他家里把他背下楼，然后用自行车把他推到教室。他每次上课都很投入，也可以说很兴奋，很享受。在他上课的时候你根本看不出他是个癌症晚期患者。有一次，师母劝他不要再上课了，他说："如果我不去上课活着还有什么意义呢？只要我还能说话，我就要去讲课。和学生交流知识能让我感受到精神的愉悦。"我知道老师的心愿就是在他有生之年把他所有的知识都奉献出来。他热爱知识，并用全部的生命去研究学问。在他病重住院的日子里，有许多学生去看他，只要他还有力气讲话，他一定会把他这段时间所思考的问题与学生交流和讨论。他总是对我们说："学习要认真，要投入，要锲而不舍……"从包老师身上，我深深地体验到他对知识的尊重与虔诚，我也体验到精神对于人生的重要意义。我做了包老师两年半的学生，可是他对我的影响是一生一世的。他不仅仅是我的老师，更是我人生的精神导师。如今，他已经去世多年，但是我对他的爱、尊敬与崇拜却永远不会消失。（材料来源：XT-B-Ⅶ）

接下来，我们对以上体验描述中所蕴含的价值条目进行初步分析。

（二）价值条目分析

表2-1中的价值条目是在反复阅读描述材料、在与被访者的交谈过程中，不断地凸显出来的。我们并没有刻意寻找某一主题或核心思想，而是这些价值主动且生动地呈现出来。

表2-1 受学生欢迎的价值条目

价值条目	表现形式	学生的感受
仪表美	年轻漂亮，烫着洋气的卷发	感觉很有活力，很美（XF-2014/4/25）
温　和	声音甜美，笑容可亲	感觉很舒服，很亲切，很想成为她们班的学生（同上）
讲课形象生动	大张老师的课怎么可以这么有趣……她的表演也好形象啊	每次大张老师的课，我的脑袋就会打开想象的匣子
耐　心	大张老师依然摇摇头，带着微笑，等着下一个回答	老师的耐心和微笑让我有勇气去回答问题
赞　赏	林老师经常表扬、鼓励我	我逐渐有了自信
认真负责	林老师多次找我面对面一起修改。……甚至连每一个标点符号	我一方面很钦佩，另一方面也很羞愧自己没有认真写论文
关　心	童老师非常关心我。……好几次去我家和爸妈沟通	他的关心和鼓励是我求学路上重要的动力
信　任	他信任你，义无反顾地断言	我就努力地学习……我做到了
真　诚	讲课讲不清楚，但会说："等一下，我就不信我讲不清楚。"	我头一次感到"老师也可以如此无能"

（续表）

价值条目	表现形式	学生的感受
幽　默	张老师就把零食拿出来打开，让给大家吃。没人吃，他就自己吃了	他用这种有些幽默的方式提醒、教育了我
奉　献	老师的心愿就是想在他有生之年把他所懂的知识都奉献出来	我做了包老师两年半的学生，可是他对我的影响是一生一世的

需要注意的是，讲课形象生动属于一种教学方法，它能够吸引学生，引导学生积极参与，激发学生的想象力。尤其对小学生来说，教师形象生动的“表演”更符合他们的认知发展水平。对于教师来讲，讲课形象生动是一种教学“技艺”，属于非道德性品质（non-morality）。善于表扬和鼓励、有耐心、负责、关心、信任、真实等价值品质是从情感层面上对优秀教师的体验。在XT-S-Ⅰ中，体验者展示了两个真实情景：张老师形象生动的教学场景；张老师在得到许多错误答案后仍然耐心地等待，对回答正确的学生及时表扬。第一个场景展现了老师的教学“技艺”，第二个场景展现了老师的耐心和善于及时表扬、鼓励学生的品质。对于教师这一职业来讲，这也是一种德性，一种非道德德性。❶ 需要说明的是，“技艺”的培养有赖于某种德性的支撑，培养不同技艺所需要或依赖的德性可能各不相同，而德性的培养则不依赖“技艺”。例如，想要成为一名优秀教师，良好的教学“技艺”是关键，但这种“技艺”需要某种价值品质和美德的支撑。如果没有关心、尊重、信任等价值品质，就不会主动探索合适的教学方法，而是更倾向于

❶ 非道德德性是相对于道德德性而言的。道德德性能够促使个体做道德上良善的事情，如公平、仁爱等，而非道德德性则不能，如技艺、耐心等。

选择既成的、简单机械的教学模式。所以，具有良好的道德德性对于优秀教师来说是最根本的。在现实生活中，有些有很好教学“技艺”的教师却不是最受学生欢迎的“好教师”。在一次访谈中，一位被访者描述了这样一位教师：特级教师，教学很好，但是同学们都不太喜欢他，原因在于：“这位老师对我们很冷漠，也不关心我们，从来不和我们交流。”冷漠、不关心学生，这是被访者体验到的价值品质。当然，不能说冷漠、不关心学生的教师就是德性有问题的教师，但是，被学生体验到这种价值品质，在学生心里就已经不是一位好教师了。

1. 仪表美

爱美之心，人皆有之，对美的追求是人类情感的先天价值偏好。在美、丑（不美）之间，人们总会自然地偏好前者。美蕴含着不同的价值层次：第一个层次是对事物外在之美的感官感受，如美人、美景、美食之美；第二个层次是对伦常之美的生命感受，如友爱关怀、助人为乐之美；第三个层次是对精神、艺术或宗教之美的精神感受。无论哪个层次的美，都能给人带来适宜的感受和愉悦的心情，但人们的感受程度和价值体验有所不同。与对伦常之美和精神之美的价值感受相比，对事物外在之美的感受是一种即时的感官体验，而前两者会给人带来幸福甚至是极乐的精神体验，这种体验会长久地存于心中，不易消逝。

良好的外在形象是仪表美，或曰外在美。这里的“美”不具有伦理赞赏的含义，也不具有精神上的体验和感受，而是对外在事物之审美经验的表达。在教学中，教师的言行举止、服饰、气质等所承载的美之价值能够被学生所体验，并带给学生舒适的感官感受。所以，在我国的教师行为规范中会要求教师

“衣着整洁大方、得体”等。当然，教师的外在美只能给学生带来即时的感官价值，只有上升到伦常之美以及精神之美，才能让学生体验到更高的价值存在，对学生产生更加深刻的影响。

2. 温　和

温和，通常可以理解为“好脾气”。具有温和品质的个体在待人接物上通常会彬彬有礼、和蔼可亲，给人带来如沐春风般的舒适感受。亚里士多德认为：“温和是怒气方面的适度。温和的人是以适当的方式、就适当的事、持续适当的时间发怒的人。”❶ 而温和也有“过度”和“不及”。温和的过度是“暴躁易怒”，不及是“麻木”。可以看出，亚里士多德所说的温和品质并不是指不能发脾气，对任何事情都不发脾气就走向了不及的一端——麻木。一个人如果对适当的事情、对适当的人、以适当的方式、在适当的时候、持续适当长的时间发怒，就说明他具备了温和的品质。

在教学中，具有温和品质的教师同样不是指那些从不发脾气也从来不批评学生的“老好人”，而是指那些能够镇定地处理教学活动中的各种问题，能够在适当的事情上，以适当的方式和方法，有节制地处理自己的情绪的人。这样的教师行为就体现出温和的价值品质。

3. 讲课形象生动

教学最重要的任务之一就是“授业”——将人类积累的科学文化知识传递给学生，而怎样传递，用什么方法传递，就属

❶ 亚里士多德．尼各马可伦理学［M］．廖申白，译．北京：商务印书馆，2003：332.

于教学方法或教学技艺。这种技艺是可以教授的，可以通过长时间的实践不断巩固。简而言之，技艺成于实践且可以教授。

优秀的教学不仅是知识的传递，更能让学生感受到理智的挑战、智慧的唤醒和精神的陶冶。它能让学生“打开想象的匣子”，激发学生学习的热情和欲望，产生一种欲罢不能的感受。然而，如何才能实现优秀的教学呢？我们认为，必须包含以下几个方面。

首先，重视学生已有的经验。教育是教师的价值引导与学生的自主建构统一的过程。如果忽视学生的直接经验、已有的知识背景和认知发展水平，就不能很好地理解和掌握间接经验。对此，陶行知先生有一个精辟的比喻：接知如接枝。他说：

> 我们要有自己的经验做根，以这经验所发生的知识做枝，然后别人的知识方才可以接得上去，别人的知识方才成为我们知识的一个有机部分。❶

教师不仅要关注学生的间接经验，还要注意用什么样的教学方法将学生的个体经验与学科知识相联系。

其次，教学方法。在重视学生已有经验的基础上，采用适合学生、适合学科的教学方法。生动有趣的讲解，妙趣横生的语言，会给课堂带来新鲜感和活力，使学生在轻松的氛围中掌握知识，增长智识。

❶ 陶行知．中国教育改造［M］．北京：东方出版社，1996：124.

> 呆读死记、简单重复、机械训练、强制纪律，通过机械记忆、背诵获得的知识不会真正同化到学生自身的知识体系中，无法形成个体内在的、真正的知识系统，这不仅无益于系统知识的掌握，更不利于学生自主思考能力以及其他能力的发展。❶

教学方法是人格化的教师。优秀的教师往往具有自己的独特风格，能够根据不同的教学对象和环境采用合适的、灵活的方法来组织教学。他们就像是教学的艺术大师，游刃有余地引领着学生走向精神世界，使学生获得精神的愉悦和享受。

最后，能够熟练地组织课堂，让所有学生都积极参与，并给学习吃力的学生以信心。

教学技巧是实现良好教学的保障，但是，卓越的教学需要的不仅仅是技巧。如前所述，对于教师来说，教学技艺属于非道德性（理智德性）的价值品质，它不能脱离道德性品质为之确定的方向。所以，学生心中的好老师不仅要“教得好”，还要有关心、公平、信任等道德性品质的支撑。

4. 耐　心

耐心作为一种价值品质，与忍耐、宽容、温和、信任等品质息息相关，而与急躁相对立。耐心表现为对延迟出现的应然不急躁、不厌烦，能够以宽容、温和的态度等待期望之价值事态的出现。

耐心对于教师来说是较为重要的良品，因为教育本身是慢

❶ 肖川，陈黎明．优质教育的内涵及创设条件［J］．中国人民大学教育学刊，2014（2）．

的艺术，教师尤其是中小学教师所面对的是身心尚未成熟的学生。学生获取知识的过程并不是一蹴而就的，学生的发展与成熟是一个复杂多变、迂回曲折的生命蜕变历程。所以，教师要有足够的耐心，等待学生的成长和蜕变。在师生交往过程中，教师的耐心能够给予学生更多的精神鼓励和生命成长空间。耐心的教师往往会创设和谐、自由、温馨的课堂氛围。在这样的氛围中，学生能够自由思考，不必惧怕因延迟反应或想法错误而受到教师的惩罚与轻蔑。与此相反，急躁的教师往往会制造紧张的课堂氛围，学生不仅缺少自由思考的空间，还会因为担心犯错而回避思考，进而损害学生的心智，钝化学生的敏感性。此外，教师的耐心可以让学生体验到信任，这种信任能够促使学生调动和发挥内在的生命潜能，将精力全部放在对知识的探索上，进而感受知识所带来的理智上的挑战和乐趣。

需要指出的是，在班级授课制的现代教学组织形式下，教师面对的是秉性各异、社会文化资本不同的个体，对处于弱势的学生应该给予更多的耐心和鼓励，以实现真正的教育公正。

5. 赞　赏

赞赏是一种积极的价值品质，它的表现形式包括表扬、鼓励和激励。每个人都有可赞扬的品质，也都期待得到他人的赞赏。赞赏包含着认可、理解与支持。合理、适切的赞赏会使人更加积极地从事、践行人们所赞扬之事。

在教育场域中，教师的表扬、鼓励和激励能够促进学生积极表现。每个学生身上都有可赞赏的品质，每个学生都需要认可、理解与支持。所以，教师要以谦逊、宽容的情怀对待每一个学生，对学生的每一点进步都给予表扬。教师的认可、鼓励和支持能够对学生的发展起到不可估量的作用。当然，赞扬不是无原则的，而是在适当的时机对学生的行为和表现给予及时的鼓励和表扬。不加控制的表扬不是真正的表扬，会流于形式而失去应有的价值。当下，许多教育者提倡“赏识教育”，主张对学生少些批评多些鼓励。然而，在实践中却出现了矫枉过正的现象。例如，当学生说出“1+1=3”时，教师仍然竖起大拇指说：“你离真理不远了。”这就使赞扬变成了一场闹剧。

6. 认真负责

无论个体从事何种职业，认真负责都是值得称赞的品质。它是将事情做好的根本保障。然而，认真负责若要被体验为良品是有条件的。条件之一是，当且仅当认真负责所指向的是善的实现或较高价值的实现时，它才能作为良品而被体验。条件之二是，在人与人交往的过程中，这一品质需要与其他道德性品质共同起作用。

就“条件一”而言，我们强调认真负责要以善为导向。这是因为在现实生活中以“责任”为名而实施恶的行为屡见不鲜。如果认真负责指向的是负向价值的实现，那么它所承载的行为就是恶的。例如，为什么有些“认真负责”的教师不仅没有让学生体会到学习的乐趣，反而在学生心中变得面目可憎呢？原因就是教师心中价值秩序的颠覆导致其“责任心”走向了“反教育”的方向。当认真负责指向的只是高分数、荣誉、奖励等功利性价值的实现时，就违背了教育所应蕴含的更高价值，即生命和精神价值的实现。所以，当教师的责任心指向较低价值的实现而不以更高价值为导向时，就会适得其反。在教育实践中，就会出现教师越“认真负责”，对学生伤害就越大的情况。

前几天，学校发了一份通知，要求学生带回家让家长签字，学生 Y 把这件事忘记了。第二天上午，交通知回执时，Y 问 W 老师能不能迟一天交，W 老师当场咆哮："不能！马上就要交到德育处了，下午检查组就来检查。昨天明明交代得清清楚楚，你脑袋瓜儿都记什么去啦！你下午放学后给我留下来！"

放学后，Y 和几个同样"没脑袋"的同学留了下来，被罚抄写"家长签字"四个字一百遍。好不容易抄完，W 老师又训了他们一通才让回家。❶

案例中的 W 老师是一位"认真负责"的老师，他严格按照学校规定办事，对学生的疏忽绝不放纵。然而，我们没有从他"认真负责"的行为中感受到教育之美以及对学生的关爱。值得注意的是，以"认真负责"为挡箭牌会逐渐赋予教师过度的权力（power）及傲慢。有权力的教师会期待学生绝对服从，甚至要求家长如何行事。如此"认真负责"，不仅不利于学生的成长，反而会给学生带来潜在的伤害。

就"条件二"而言，我们认为，人与人之间的交往是情感的交流和互动，责任需要其他情感或品质的支持才能成为良品。例如，子女对父母的赡养如果只是出于责任而缺乏关爱，那么父母是不会感到满意的。同样，如果教师只是出于责任而传递知识，缺少对学生的真正关爱，那么，这样的"冷漠的责任感"也不会让学生体会到正向的价值，甚至会让学生厌烦。

因此，教师必须首先明确哪些价值是更高的，哪些价值对

❶ 朱永通．"好老师"有多坏？［J］．教师月刊，2014（9）．

学生来说是善的，从而将认真负责指向更高价值或善的实现。其次，认真负责的品质必须以关爱、欣赏学生等道德性品质为基础。只有这样，责任心才能作为良品而成就师生的共同成长。

7. 关　心

关心是处于关系之中并指向他人的一种生命状态。关心是一种关系，是两个人之间的关系。其中，有一方是关心者，另一方是被关心者。关心者通过对被关心者的关注、同情而达成对被关心者的理解，并给予真诚的帮助；同时，被关心者在情感上能够体验、领会这种关心并有所回应。只有在二者的相互作用中，关心关系才能够真正形成。

我们经常会遇到这样的情形：某人认为自己在关心对方，而对方却没有感受。这在教育领域尤为明显，许多教师都认为自己很关心学生，而学生却没有感受。这说明师生之间没有形成真正的关心关系。那么，教师就要反思：作为关心者是否真正理解学生的需要，并从学生的需要出发去关心学生；自己是否在打着关心的幌子来强迫学生做他们不喜欢的事；自己是否以关心学生的名义出发，逼迫学生达到自己所期望的目标？米尔顿·梅洛夫从关心者的角度指出："关心他人，在最重要的意义上，是帮助他人成长和实现他自己。"❶ 教师关心学生，就是帮助学生成长和学生的自我实现，而不是为了达成教师的某种目的，也不是不考虑每个学生的实际需求，以教师所期待的标准来划定一个普遍目标。如果关心者仅仅以自身的期待为导向，关心就成了一种不平等的关系。在不平等的关心中，关

❶ Milton Mayeroff. On Caring [M]. New York: Harper and Row, 1971: 1.

心不再是对被关心者的同情和理解，而变成了施予与被施予、控制与被控制。对任何人来说，只有平等的、没有夹杂优越感和施舍感的关心才会被接纳，真正的关心关系才会形成。作为一种存在方式，每个人都需要被关心，没有人会拒绝他人真正的关心。真正的关心可以给人带来温暖、力量和希望。更重要的是，关心可以被传递，被关心者不仅会以情感回应关心者，还会将关心传递给他人。当然，并不是每个人都会将关心传递给他人，但可以肯定的是，从来没感受过关心、一直被冷漠、厌恶所包围的个体是没有能力去关心他人的。

关心是一种个人品质。在教学领域中，关心更是一种美德。教师与学生之间关心关系的形成是成功教学的关键。但是，教师对学生的关心并没有一套既定的行为模式。海德格尔说：

> 关心是人对其他生命所表现的同情态度，也是人在做任何事情时严肃的考虑。关心是最深刻的渴望，关心是一瞬间的怜悯，关心是人世间所有的担心、忧虑和痛苦。我们每时每刻都生活在关心之中，它是生命最真实的存在。❶

所以，教师对学生的关心并没有固定的“样板”，它存在于教师对学生作为完整生命的关注、理解之中，存在于教师对学生的期待、信任、鼓励、支持与无限的宽容之中。

---

❶ 内尔·诺丁斯. 学会关心：教育的另一种模式［M］. 于天龙，译. 北京：教育科学出版社，2011：30.

8. 信　任

信任体现的是个体对他者完全相信的态度，是一种“向他性”的品质。人与人之间信任关系的建立体现了真诚、守信、负责的伦理价值。“我信任你”就意味着我相信你能够履行相应的责任，能够守信且遵守道义。所以，信任是对他者价值品质的尊重、认可和相信。

教师与学生之间信任关系的建立是一切教育活动的先决条件。学生对教师的信任是教师有效施教的前提，因为学生只有相信教师所说所讲，才会乐于去听去学，只有“信其道”，才能“随其行”。而教师对学生的信任则体现出教师对学生价值品质的认可与相信，它是促使学生积极主动学习的强大动力。

> 信任是激励学生自我完善的力量，教师对于学生的无条件信任更是学生发奋图强、自我超越和创造奇迹的强大心理动力。❶

教师对学生的信任体现了教师对学生能够进步、提高与发展的价值期待，它是对学生的一种无声的肯定。学生在体验教师信任的同时也会感受到教师对他的尊重和理解。所以，教育教学中，教师对学生的信任是师生之间尊重与理解关系形成的前提，是师生之间友爱关系建立的基础，更是激励学生积极向上的关键动因。

9. 真　诚

> 真诚是一种既可以传递又能自反的诚恳。它解决或者

❶ 石中英．教师的基本价值品质及其形成［J］．中国教师，2009（1）．

> 说应该解决的是我们和他人以及我们和自身的关系问题。它要求的是，人与人之间和每个人心里都有最大限度的真实，最大限度的坦诚，从而将弄虚作假和掩饰隐瞒降低到最小限度。❶

真诚不仅是对他人真诚，更是对自己真诚。它要求我们悦纳自己并向他人敞开。

> 所谓“真诚”，意味着师生之间坦诚率直，彼此都尽情地表露瞬间的感情和态度，意味着教师的一言一行都是出自内心真实的感受，所表达的一切都是从心灵深处流溢出来的切肤之感，没有矫揉造作、故作姿态，没有“为赋新词强说愁”的无奈与空洞，有着自然、真切与和谐之美。❷

教师的真诚（真实）意味着对自身的完全了解和接纳，并勇于面对自身的不足，同时，以坦诚的态度与学生交流互动，向学生展示真实的自己，成为善于表达的人，与学生一起成长。然而，在现实的教育生活中，教师往往不会选择向学生敞开。许多教师认为，与学生的距离太近就会失去“威慑力”，只有将真实的自我包裹起来，仅以教师的身份出现以保持神秘性和威严才能够“镇得住”学生，让学生不敢“造次”。所以，教师往往会掩饰、隐瞒自身的不足，甚至为了掩饰自身的

❶ 安德烈·孔特．小爱大德——美德浅论［M］．赵克非，译．北京：作家出版社，2013：188.

❷ 肖川．教育的理想与信念［M］．长沙：岳麓书社，2002：140.

缺点和失误，以教师的权威来规避问题。教师刻意与学生拉开距离也许会使学生因为“惧怕”而“听话”，但是，这种自我强化使教师的生命与学生的生命不断疏离，师生的交往变成了简单的知识授受，缺乏情感交流，教育的价值被稀释。事实上，师生之间的交往不仅是“教师”与“学生”角色的交往，更是人与人之间的心灵互动。如果教师刻意将心灵封锁，学生的心灵也会紧闭；如果教师真诚地对待学生，学生也会对其真诚以待。所以，对于真诚的教师，学生会接受他、喜欢他，愿意与他交往，向他袒露心声。反之则不然。需要指出的是，真诚不是完全地袒露自身，不是一种暴露癖，也不是将自身的伤疤展示给他人，而是拒绝弄虚作假、矫揉造作、自我吹嘘、表里不一。真诚更不是把什么都说出来，而是只说真话；面对问题不逃避、不掩饰，积极面对，主动解决。

真诚是美德最重要、最根本的部分，因为没有真诚，任何德行都不是真正的德行。没有真诚的爱是虚假的爱，没有真诚的关心是形式上的关心，没有真诚的慷慨不是真正的慷慨……教学领域中师生真诚的交往互动，是良好师生关系形成的基础，也是学生学会真诚的主要途径。

10. 幽　默

幽默是机智的组成部分，它体现了富有活力的生命价值。幽默与呆板、死气沉沉相对，它会给人带来愉悦、积极、阳光的感受。在教学中，幽默是最具人性化的表现。与不苟言笑的教师相比，那些有幽默感、允许课堂中经常出现欢声笑语的教师更容易被学生所接受和喜欢。幽默不仅可以使课堂教学变得更加生动、真切，达到寓教于乐的效果，更体现出教师谦恭、勇气和真诚的品质。幽默是真诚的一种体现，是拉近师生心理距离的润滑剂，能够让学生没有“恐惧”，自由欢快地驰骋在知识的海洋中。当然，我们必须将幽默和嘲弄、讥笑区分开。在现实生活中，有些教师会将幽默和嘲弄、讥笑相混淆，本想活跃课堂气氛，结果却适得其反。

> 我初中的时候有个老师，他平时人挺好的，可是有一次我们班的成绩考得特差，他就对着我们笑着说：“我终于知道你们为什么考这么差了，原来你们都是属猪的啊！”我们这个班的同学基本都是1995年出生，所以是属猪的，可是他这么一说，我们当时都很生气，觉得他在侮辱我们。有几个胆子大的同学就跟着起哄说：“是啊老师，我们都是属猪的，你是教不会我们的，就别费力气了。”听同学这么一说，我们就跟着一起起哄说：“是啊，我们是一群猪。”……我当时看着老师站在讲台上好像很尴尬，他可能是想用这种“幽默”的方式来刺激我们一下吧，可是我们觉得一点都不好笑，反而很反感他这样说。（材料来源：XF-2014/1/23）

可以说，嘲弄是指向他人的武器，会让人感到难堪、痛苦、气愤和怨恨。嘲弄常常伴随着讥笑，讥笑是嘲弄人、伤害人的笑。任何嘲弄和讥笑都不是幽默，它们表现出来的是冷酷无情、尖酸刻薄。正如法国作家诺盖所说：

> 幽默和讥讽都同样地基于语言和实际的不吻合，但给人的感觉不同，一个是对所指的人或物的兄弟般的问候，另一个则相反，表现出来的是愤慨、轻蔑或仇恨的对抗。

幽默是爱怜，讥讽是轻蔑。[1]

在本研究中，幽默这一品质不仅在上述体验描述中有所凸显，在访谈中也常常被提及。而在传统上我们对教师的刻板印象多是“严肃的面孔”“古板”“不苟言笑”，这种“先行结构”影响了教师对自身形象的塑造，缺乏幽默感的情况也较为普遍。

11. 奉　献

奉献是一种心甘情愿的付出，它不仅体现出人格的价值，更彰显出人格的善。古今中外，有许多杰出的教师道德典范，如古代作为万盛师表的孔子、近现代“捧着一颗心来，不带半根草去”的陶行知、当代的“最美教师”“最美乡村教师”。他们不仅向世人展现出教师职业的崇高，更展现出人的价值和生命的意义。

无私奉献所承载的价值总会以直接的、前理性的、先天的方式触及每个人的心灵，让人体验到一种精神力量。我们认为，除了那些舍己救人、忘我付出的人格典范，还有许多普通的教师在教育教学中以不同的形式为学生奉献着，他们珍视并热爱自己的职业，关心每个学生的成长，向学生展示着人类最为高贵的价值。可以说，具有奉献精神的人格会自然而然地发起召唤，人们也会在这种人格的召唤中体验到一种纯粹的价值。

[1] 安德烈·孔特．小爱大德——美德浅论［M］．赵克非，译．北京：作家出版社，2013：209.

二、老师，您伤害了我

人们常说，能遇到好老师是人生之大幸。那么，遇到不好的老师对于学生来说意味着什么呢？在学生心中，什么样的老师是“不好”的呢？我们以“我最不喜欢的老师”为主题，来了解学生与教师交往时的情感体验。描述的内容包括：你最不喜欢的教师是谁？为什么不喜欢他？你与他交往过程中他的哪些品质是你不能接受的呢？

（一）体验描述

以下是几位被研究者写下的体验描述片段。

那天早自习后的第一节是数学课，恰逢我值日。自习临近结束时，万老师走进班中，她搬把椅子坐到靠窗第一排同学的桌子前面，等待上课。我起身去擦黑板，几秒钟之后，就听到“哐啷啷”桌椅划地的巨响，我急忙转身，见她从窗前疾走几步到我面前，她的手指一下一下狠狠戳在我肩膀上，我听到他怒气冲冲地吼道：“你长没长眼，懂不懂规矩！弄得我一身的粉笔末！真没家教！你那是什么眼神，阴阳怪气！你以为你自己是个什么东西！……”于是我下意识地道歉不迭，因为惧怕和慌张而声音颤抖。然而她并不罢休，冲着我也冲着满教室目瞪口呆、鸦雀无声的大家说道：“这事不算完！今天不把事情解决就别上课了！”撂下这些话，她双手抱肩，斜着身子靠在讲台边，一脸怒气地沉默着。无论我再如何道歉、认错，除了轻蔑的哼声之外，全无回应。……我不知道自己究竟犯了何般不可饶恕的罪行，以致让她如此地厌恶我。类似的剧情一再上演，她不厌其烦地在全班面前宣称："我一点儿也不喜欢你""看见你就讨厌""不知道你爸妈怎么教育你的"。与其他严厉的老师不同的是，她并没有任何敦促我进步的意思，她挫败、羞辱我，仅仅是以此为乐。我惧怕她，并以同样强烈的程度怨恨她……（材料来源：XT-W-Ⅷ）

他是我小学二年级的数学老师，可以说，他伤害了我。我之前的数学老师挺喜欢我的，我的成绩也挺好。有一次，我之前的数学老师来我们班找他说话，顺便就问了问我的情况，就说，那个某某同学成绩怎么样啊？他就特别不屑地说："这个小孩啊，以后一定不会读书的，不会有什么出息。"我坐在前排，听得特别清楚，心里特别难过。我就想，自己真的那么差吗？我开始怀疑自己……从那个时候就挺要强的，就怕别人看不起我，这种感觉一直延续到现在。（材料来源：XT-Y-Ⅸ）

我上高二的时候，班级里要民主选举"三好学生"。可是当班主任把候选人的名字写到黑板上的时候，我愣住了，居然没有平时成绩排在班级前五的我和另外一个同学的名字！为什么呢？心里特别疑惑，也感到特别委屈和难过。再看看黑板上候选人的名字，心里不止是难过了，更觉得不公平，感到很气愤，因为有几个候选人的成绩在班级里排在20多名。可是他们平时和班主任的关系很好，班主任也总是偏向他们，什么好事都给他们几个。可是这次评选是要求班级排名15以内啊！他们凭什么有资格成为候选人呢？我心里闷闷的，感觉身体也发热，怒火涌向全身，说不出的愤怒和委屈。我也终于明白评选原则根本就是骗人的摆设，最后还不是靠“关系”！真是让人作呕，太不公平了！这次所谓的“民主”选举，我投了弃权票（下课后得知好多同学都弃权了），因为除此之外我不知道怎么去反抗这种不公平……我也再不相信所谓的“民主选举”了……（材料来源：XT-M-X）

“你这是抄谁的了，你自己能考这么高的分数吗？”看着赵老师轻蔑和怀疑的眼神，我瞬间从自己得高分的喜悦中惊醒了。当我听到赵老师站在讲台上念着我的名字和我的分数时，我真的很激动，心里想着，这段时间的努力终于得到回报了！可是，当我去讲台取卷子的时候，她却当着全班同学的面说了这样的话。我一时无语，不知道该说什么，感觉所有的同学都在看我。班里安静极了，时间就像停止似的。我像个小丑一样站在讲台下面傻傻地看着赵老师，很尴尬，同时感到一种切肤的羞辱感。是的，就是一种羞辱！我什么都没说，默默地领下卷子、低着头从讲台下面走到自己的座位，感觉这距离是那么远。同学们都在疑惑地看着我，我似乎真的像做错了什么。不，不对，我什么都没做错，我每天早上四点钟就起床做练习题，把每种题型的解题思路都做了整理，今天的分数是我努力的结果啊！可是，为什么老师不相信我，为什么她这么看不起我，为什么她这么怀疑我的能力呢？整整一节课我都没有听讲，直愣愣地看着自己的考卷。下课后，我拿着自己的卷子，眼泪夺眶而出，委屈，一种不被信任的委屈。感觉自己的努力没有任何意义，没人相信你。更是恨自己，为什么没有勇气和她对质，为什么我没有大声地和她说："这是我自己的考出来的成绩，没有抄任何人的！"我恨她，也恨自己的懦弱……（材料来源：XT-Z-Ⅺ）

（二）价值条目分析

可以从以上体验材料中提炼出不受学生欢迎的教师所具有的价值品质：不尊重（辱骂、挫败、轻蔑），不公平，不信任（见表2-2）。

表2-2　不受学生欢迎的价值条目

价值条目	表现形式	学生的感受
不尊重	她的手指一下一下狠狠戳在我肩膀上，我听到她怒气冲冲地吼道……	因为惧怕和慌张而声音颤抖……
不公平	班主任也总是偏向他们，什么好事都给他们几个	说不出的气愤和委屈……我也再不相信所谓的"民主选举"了
不信任	"你这是抄谁的了，你自己能考这么高的分数吗？"	一种切肤的羞辱感……我恨她，也恨自己的懦弱

1. 不尊重

人的尊严是与生俱来的，每一个人都应当受到尊重。

除了少数病态人之外，社会上所有的人都有一种对他们的稳定的、牢固不变的、通常较高的评价的需要，有一种对自尊、尊重和来自他人尊重的需要。[1]

尊重他人不仅具有认识上的真理性，更具有道德上的正当性。尊重意味着保持谨慎、谦卑、慈悲的内心及行为方式。如果尊重他人，就不会飞扬跋扈、颐指气使，也不会不顾及他人的感受而肆意行事。实际上，尊重他人也是自尊自重的表现。缺乏对他人尊重的最恶劣的表现是完全的漠视。漠视意味着对人之存在的否定，它所造成的心理伤害甚至比打骂还大。

在教学生活中，学生是身心尚未完全成熟的个体，有受到尊重的需要。甚至可以说，他们更需要得到尊重，因为只有当他们体验到尊重，才能学会自尊并尊重他人，并理解尊重对于人之存在的意义。所以，教师应该给予学生足够的尊重，即使是批评也要讲究方式方法，不能以辱骂、讽刺、挫败等方式伤害学生的人格，发泄自己的情绪；同时，更不能完全漠视学生。[2]

我特别讨厌刘老师，这个老师啊，经常辱骂我们。我记得特别清楚的是我们班有个同学姓“诗”，我们那平翘舌不分，这个诗和死的发音是一样的。有一次，她让这个同学回答问题，这个同学没有回答上来。她就对同学说，

---

❶ 马斯洛．动机与人格［M］．许金声，等译．北京：华夏出版社，1987：51~52.

❷ 在访谈过程中，有许多毕业班的学生提到，在升学考试（包括中考、高考）前，有些老师为了提高升学率采取的一项措施是劝退那些成绩差、无望升学的学生；或者是将这些学生边缘化，只要上课不吵不闹、不影响其他学生正常上课就基本无视他们的存在。

怪不得你叫诗某某呢，你就去死吧，你父母给你取这个名字的意思也是让你快去死的！

初中的时候有一个英语老师，他经常讥讽、嘲笑我们，尤其是在课堂上，有谁回答不出问题或者回答错了，他都用一种特别轻蔑的眼神看着你，还说着讽刺你的话，特别让人受不了。所以我们班同学也特别不喜欢他。所以，他个子很小我们就也捉弄、讽刺他，给他取绰号啥的，还特意学他那不标准的英语发音来气他……（材料来源：XF-2014/5/5）

如果教育没让学生感受到学习的乐趣和进取的希望、学校生活没有让学生感受到快乐和幸福、教师没有让学生感受到最起码的尊重，那么教育就走向了自身的对立面。学生在学校中如果只能感受到痛苦、失望、挫败、羞辱，过着没有尊严的生活，那么，学生怎么会欢欣鼓舞地去学校学习知识呢？怎么会和教师形成和谐的师生关系呢？

2. 不公平

不公平是相对于公平而言的，公平的缺失会导致对不公平的感受。每个人都渴望得到公平的对待，这是基于对人与人之间平等观念的认可。近代以来，卢梭首次将平等作为天赋人权，高喊："人，生而平等。"康德则将平等观念引入伦理学领域，并使其成为伦理学的核心概念。他说："如此行动，使你所依据的准则同时成为一项适用于每一个理性存在者的法则。"这就是说，每个理性的存在者在准则、规范面前都是平等的，适用于自身的准则同样适用于其他的理性存在者。因此，承认这种平等性的存在就需要个体公平行事，来维护这种平等。

公平作为个体的品质是指个体能够处世公平，行事公平，思想上也公平。在教学生活中，教师遵守基本的法律行事，在任何情境下都要意识到教师与学生之间、学生与学生之间的平等性，并能够公平地对待每个学生。教师能否按照规则行事，合理地、不偏不倚地解决学生之间的分歧等，都能够显示出其是否具有公平的品质。从本研究的访谈、体验资料中可以看出，学生能够对教师个性上的一些缺点宽容以待，然而，对于教师的偏心和不公却很少原谅且难以忘怀。

以下是一份访谈资料的节选。

> 问：你有没有不太喜欢的老师呢？
>
> 答：当然有！我初中的数学老师，我特别讨厌他！
>
> 问：为什么呢？
>
> 答：我有一种特别无法释怀的，直到今天都觉得他当时的所作所为让我觉得心里……觉得他不应该那么做！过去的不管哪个老师，不管是什么原因批评过我，我还是特别感激（他们的）。唯独这个老师，我到今天也无法释怀。我每次看到他的时候，不管他此时此刻身份地位，他站在那儿，我都不屑于看他一眼，不管他地位有多高！
>
> 问：发生了什么事情？
>
> 答：我们当时每个月都有月考。我拿到数学卷子，卷子上一个标记都没有，我问他为什么不给我判，他说："给你判卷子你也考不上的。"全班他就判了几个人的，他认为有希望的那几个人。他不屑于给我判卷子，他说我根本不行。我当时特别难受，正等着检验一下我前期的努力

是不是有点成绩了。我准备了很长时间，一点一点地努力着，到最后他都没有给我验证的机会……从那时候开始我就不愿意学数学，也特别讨厌数学！到高中，我对数学都很抵触。还有呢，他喜欢的孩子问他问题，他就特别有耐心；他不喜欢的问他问题，他就特别不耐烦。更离谱的是，他会拿那个三角板，就是大的、木头做的那种，用那个尖去扎学生肩膀。所以我从来不问他问题，我不会我就问我同桌，让他去问老师。老师喜欢他，他问老师就不会打他。我有个好朋友，他要是问多了，老师就不耐烦，就用三角板打他。

问：你感到很不公平，是吗？

答：对！感觉他特别不负责任、不公平。后来我听说他当校长了。唉，这事没法讲道理。这种人，呵呵！这是教师，教书育人的，阴谋诡计做的还是挺好的（冷笑）！（材料来源：XF-2014/3/20）

教师需要对自身不公正、不公平的行为有所警觉。这不仅是因为教师不公平的行事会剥夺一些学生的基本权利，违背了人人平等的理念，更是因为在学生眼中，教师作为重要的“他人”，其处事方式代表了整个成人世界。教师对学生不公平，很容易影响学生看待世界的态度。

有一次，班级里举行民主选举推选党员，大家都选我了，我的票最高。按理说应该是我了吧，可我们班主任说不行。他没说任何理由就选了他的一个老乡，我们都知道他的这个老乡给他钱了。所以，我就没选上。当时感觉特别气愤，感觉被欺骗了，这就是所谓的“民主”选举吗？还不是班主任一个人说的算吗！不过，经历这种事情多了就觉得这种不公平很正常了，社会就这样啊，权钱交易嘛……（材料来源：XF-2014/5/5）

3. 不信任

不信任与信任相对。如前文所讲，信任是对他者价值品质的尊重、认可和相信。不信任则是对他者价值品质的否定。不信任会使教师怀疑学生并对学生的行为进行监视、操纵与控制。对教师的不信任的体验会使学生产生严重的挫败感和自卑心理。这种挫败感会导致学生失去斗志，甚至对教师心怀不满，形成反叛的个性。可以说，师生之间的不信任感不仅不利于教学工作的有效进行，还会严重损害师生之间的友爱。在不信任的氛围下，师生之间只能形成怀疑与被怀疑、控制与被控制的“对抗”关系。在这种关系中，学生与教师的心灵不断疏远，教育失去了其应有之义。

前述材料所呈现的价值事态，即教师对学生的辱骂、挫败、轻蔑、嘲讽、不公正和怀疑，给学生带来了屈辱、恐惧、痛苦、失望、自卑等负向的价值感受。除此之外，对于感受到这些负向价值的学生来说，还意味着什么呢？

学生作为身心发展尚未成熟的个体，其自我意识还没有完全形成。自我或自我意识不是与生俱来的。刚刚出生的婴儿并没有自我的观念，它不是既成的事实；自我也不是心理学概念中一种孤立的、独立的肉体，它是个体在与他人的交往中、在社会活动中不断形成的。学校作为一个共同体形式，对个体自我意识的形成起到至关重要的作用。学校共同体成员之间在日常生活中的交往和互动，为学生自我意识的形成创造了重要空间。对于学生来说，学校是一个共同体，班级是一个小型共同体，学龄儿童的大部分时间都是在班级、课堂这个小型共同体中度过的。教师作为学生的重要“他人”，与学生之间的交流互动是学生个体自我形成的关键。学生从教师那里认识世界、认识自己，不断形成自己的价值观和价值品质。如果教师经常给予学生消极的、负面的评价，学生就会形成“我很差”“我不行”“我很笨”等消极的自我意识和自卑心理。长此以往，会让学生悲观、失望，或放弃努力，产生怨恨的情绪——学生从教师那认识到自己的“无能”以及无力变好的现实，这会让他讨厌学习、怨恨教师和学校，并对其无力获得的知识、价值进行贬低。

我觉得老师才是白痴，他们自己讲课讲不明白还总骂我们是白痴。哼！懂点什么一加一等于二，就觉得自己了不起啊！学习好有啥用，懂那么多没用的知识又有啥用，大学毕业还不是找不到工作，在学校学的那点东西一点用都没用，根本用不上……（材料来源：XF-2014/1/20）

对于人类来说，知识是一种肯定的价值。它不但具有实用价值，而且能够带给人们精神的愉悦和享受。然而，当主体被告知或感受到自身无力获得这种价值时，就会倾向于对它进行贬低和诋毁。在教学中，教师对学生的贬低、打击会使学生形成消极的自我意识及无能感，进而产生怨恨情绪。这种怨恨情绪不仅不会激发学习欲望，反而会使得学生以一种价值欺罔的方式远离知识。

再者，学生如果经常受到教师的嘲讽、轻蔑，就很容易失去自尊心和羞耻心。随着这种轻视、侮辱不断出现，学生的感受就会越来越弱，甚至是麻木、无动于衷。而学生一旦失去了羞耻心、屈辱感，就很容易向两个极端的方向发展：一是成为没有尊严、任人欺辱宰割的对象；一是成为无所畏惧、充满怨恨的暴徒。此外，学生在与教师的交往中会习得一些“生存法则”——当意识到只有通过忍气吞声、逆来顺受才能避免惩罚时，就会变得胆小怕事、唯命是从，不敢发出自己的声音。更有甚者，会形成趋炎附势、欺软怕硬的负向价值品质。

总而言之，在学生心中，优秀教师所具有的价值品质包括关心、信任、耐心、真实（真诚）、负责、善于鼓励、幽默、具有奉献精神等；不受欢迎的，是那些对学生不尊重、不公平、不信任的教师。

那么，我们不禁要思考：为什么有些价值品质在学生心中是重要的且带给学生积极的感受，而有些价值品质对学生造成了伤害？这些价值事态又是如何影响着学生的价值感受？

第三章　教师价值品质之价值排序

一、价值质料何以达及个体心灵

（一）学生体验与教师体验的意向性关系

“意向性”通常意味着一种指向性，即指向对象的情感和意愿的行为。布伦塔诺将人的心理现象划分为表象、判断和情感运动。胡塞尔在此基础上，将表象和判断归为“客体化行为”，将情感运动归为“非客体化行为”。布伦塔诺和胡塞尔都认为，客体化行为是非客体化行为的基础，非客体化行为奠基于客体化行为之上。事实上，二者都是维护感受活动的意向性问题，即感受活动与表象、判断一样，具有意向性。正如胡塞尔所说：“一个没有被喜欢之物的喜欢是不可思议的。”[1] 同时，他们又强调感受是以表象为基础的。作为非客体化行为的感受活动也指向一定的对象，即在感受行为中有一个对象和两个意向（感受意向和表象意向）；感受行为具有意向性，但是以客体化行为为基础。对于感受活动是否含有对象以及如何含有对象的问题，马克斯·舍勒则认为，感受行为具有意向性，

[1] 埃德蒙德·胡塞尔．逻辑研究［M］．倪梁康，译．上海：上海译文出版社，1998：368.

但它不是以表象等客体化行为为基础，而是有自己的意向相关项，这个意向相关项就是价值。所以，在马克斯·舍勒这里，感受行为的意向性不仅具有“指向”的意味，还具有“构造”的意味。

既然感受行为具有意向性，而价值是它的意向相关项，那么，在人们对价值的感受活动和感受行为中，必然存在对价值的意向性感受。从学生对教师价值品质的体验中可以看出，教师的关心、尊重、信任、公平等品质作为价值的形式能够直接被学生所体验和接纳。同样，在教师的体验中，虽然存在对某种事态的状态性感受（生气、不愉快、不舒适等），但是教师对于关心、陪伴、责任等所承载的原初的价值同样具有本源的意向性感受。这种本源的意向性感受直接指向先天的善恶、美丑等价值，而对于此类价值的感受也不需要具体的实物作为中介。可以说，在学生与教师的感受行为中，“存在着一个原初的、感受活动对一个对象之物、对价值的自身关系、自身朝向……感受活动原初地指向一个特有的对象，这便是‘价值’”。[1] 在教育活动中，教师与学生对于好坏、善恶等价值都具有最本源的价值感受，这种感受在他们的真实情感体验中被指明。所以，无论是学生还是教师，都能通过意向性的感受活动直接通往先天的价值秩序。也就是说，师生在教育实践中的感受活动在意向性的价值体验中具有相同的方向性，即价值以及先天的价值秩序。学生的价值体验与教师的价值体验的意向性关系为他们建立和谐、融通的关系提供了可能性。

---

[1] 马克斯·舍勒．伦理学中的形式主义与质料的价值伦理学［M］．倪梁康，译．北京：商务印书馆，2011：382.

然而，为什么在意向性的感受行为和感受活动中，师生更偏爱某些价值而不是其他的呢？或者说，这些价值作为价值质料（material）以及可以被经验到的价值内容是如何被师生体验到的呢？面对不同的价值事态，又是什么决定了个体的情感回应呢？

（二）感受活动与情感回应

人类心灵的基本活动就是感受价值，价值也只能在人们的感受中被给予。那么，是怎样的感受活动才能使价值得以显现呢？舍勒从感受活动与对象的联系方式出发，将人类的感受活动分为两个级别：意向性感受活动、感性感受活动。意向性感受活动与对象的联系是直接的，感性感受活动与对象的联系是间接的，所有的感性感受都属于一种感性状态。意向性感受活动是一种对价值的感受活动，价值在意向性的感受活动中（而非通过表象、思维、判断）直接被给予。在意向性感受活动中，对象世界向我们展示它好坏、善恶、美丑等价值事实存在的一面。这种被给予的先验事实是决定人们喜怒哀乐的基础。例如，当人们看到一朵娇艳的鲜花时，会有一种美的感受并产生愉悦的心情。在对鲜花之美的感受中就同时包含了意向性感受活动和感性感受活动。具体来讲，美与丑是人的意向性感受活动直接关联到的价值事实，它们是本源地存在于人类心灵中的先验价值质性。娇艳的鲜花是“美”之价值的承载物，人们通过对鲜花的感受活动间接地体验到美的价值并产生愉悦的情感。

如果没有意向性感受活动首先把“善—恶”、“好—

> 坏”等这样一些价值质性作为价值事实呈现出来，我们就不可能在表象、判断、思维中把某物或某事当作坏事或恶事来理解和把握，并因此而发怒。❶

可以说，意向性感受活动是感性感受活动的基础，即作为意向性感受活动的情感（好坏、善恶、美丑等）先于所有其他作为感受活动的情感（喜悦、愉快与忧伤、悲痛等），且构成后者的基础。

在教育领域中，学生得到教师的赞扬会备受鼓舞、心情舒畅，而受到教师的辱骂和蔑视就会备感失望和痛苦。实际上，这种看似简单的因果关系是有前提的。作为学生，首先要感受、知觉到教师的赞扬，并“感受着”（feeling）赞扬。在这种感受活动中，“赞扬”是作为“好的、适宜的”价值给予个体的，个体才会心情舒畅。同理，学生感受、知觉到教师的轻蔑，并“感受着”这种轻蔑；在这种感受活动中，“轻蔑”始终是作为“坏的、不适宜的”价值给予个体的，所以个体会感到失望和痛苦。愉快与痛苦是对价值事态（获得赞赏、受到轻蔑）所呈现出的价值质性（好与坏、适宜与不适宜）的情感回应。

作为人类共同体中的成员，面对某些价值事态会做出特定的情感回应，这是先验的，而不是经验性的。个体对某种价值事态的反应具有必然性。不同个体面对同一价值事态会做出相同的情感反应，这是人与人之间能够达成理解的基础。如果价

❶ 黄裕生．情感何以是有序的？——续论马克斯·舍勒的“质料的价值伦理学”基础［J］．宗教与哲学，2013（2）．

值事态与情感回应之间的联系是偶然的，是依赖于不同个体在不同经验中确立起来的不同的因果性关系，那么人们就生活在一个情感回应混乱的世界里，彼此之间无法理解，无法体验对方的喜怒哀乐。

> 实际上，不同个体之间之所以能够相互理解，就在于每个个体对价值事态的情感回应首先都是基于一个先验的共同“方向”，这就是包含或承载在价值事态中的价值质性所要求的“方向”，也就是内在于意向性感受活动与价值质性本身之中的“意向性指向”。[1]

所以，教师对学生的讥讽、辱骂之价值事态所包含的价值质性必然会使学生产生痛苦、羞愧等消极的情感回应，而教师对学生的鼓励、赞扬、关心也必定会引起学生积极的情感回应。

可以说，价值事态所呈现的价值质性与它所要求的情感回应之间的联系是先验的。每一个个体对包含着同样价值质性的价值事态做出的情感回应都是具有同样质性的情感，而不可能是相反质性的情感。价值质性决定了个体情感回应的方向，那么，又是什么决定了人们的情感偏好和情感反应的程度呢？换句话说，为什么有些价值事态仅让个体感到有些难过，而有些价值事态却能让个体感受到极其痛苦呢？在面对价值冲突时，又是什么决定了个体的价值选择呢？具体来讲，为什么学生更

---

[1] 黄裕生．情感何以是有序的？——续论马克斯·舍勒的“质料的价值伦理学”基础［J］．宗教与哲学，2013（2）．

偏好具有公平、关心、真诚、尊重、信任、幽默、奉献等价值品质的教师呢？

（三）价值等级与感受层次

舍勒认为，价值之间是存在等级的，每个价值不仅作为自身被给予，同时还作为较高的或较低的价值被给予。这种价值等级是先验地存在于人心中的秩序，人类通过偏好行为将价值级序明晰化，这是人们在面对价值选择时选择此价值而舍弃彼价值的根本原因。同时，每一个价值等级对应着不同的感受活动，在不同价值等级上的感受决定了人们对价值事态做出情感回应的深度。

舍勒从价值离位格的远近出发，将价值从低到高划分为五个等级，每个等级中又限定了正向的肯定价值和负向的否定价值。这五个价值等级从低到高的顺序是：感官价值、实用价值、生命价值、精神价值、神圣价值。❶ 感官价值是处于最低等级的价值，它是在人们的感官感受中被给予的，离位格最远，如肚子疼、耳朵痒等感受。与之对应的，为身体上的适宜、愉悦与不适宜、不愉悦等感性感受。处在这一等级的价值具有不可传递性和可量化、可分性。不可传递性是指一个人身体上的疼痛不能传递给他人，而可量化、可分性是指人们可以通过技术性手段生产它们，如通过饮酒、美食甚至是毒品使个体获得身体上的愉悦。实用价值是针对对象的有用性而言的，它是在自我保存和渴望成功的感受中被给予的。与之对应的是

❶ 曼弗雷德·S·弗林斯．舍勒的心灵［M］．张志平，等译．上海：上海三联书店，2006：20～23．

有用与无用的价值，以及成功与失败的感受状态，这也是一种感性感受。对实用价值的过度推崇是现代人变成“工具人”的主要原因。生命价值包括两个方面：一方面，是动物与人都能够在肌体内感受到的，如健康、疾病、力量、虚弱等；另一方面，是只有人类才能从外部对象身上感受到的生命感受，如英雄身上的高贵价值，阿谀奉承、唯利是图的小人身上的卑贱价值。与这一价值等级相对应的感受状态是持久的活力或无能。精神价值是在位格的感受中被经验到的价值，是具有精神活动能力的个体所能感受到的价值。与之相对的是纯粹的心灵感受，这种感受状态是一种精神上的愉悦，或者是失望与悲哀。人类的精神价值从审美范畴到理智的范畴，都能够让人感受到精神的充盈和幸福。神圣价值是最高的价值等级。“它是在诸如懊悔感、谦卑感、崇拜感这类的宗教感受或为某物祈祷的行为中被给予的。”❶ 只有具有精神活动能力之人才能感受到神圣价值。与之相对应的感受状态是极乐，或者是绝望。

价值本身要在意向性的感受活动中才能被给予。

> 对价值的感受和被感受的价值之间具有类似于胡塞尔意向活动与意向相关项之间的对应性。它也被描述为“价值高度与感受深度”的相应性。在这里主宰的本质法则是：价值越高，越是难以制作，而对它的感受就越深；价值越低，越是容易制作，对它的感受就越浅。❷

---

❶ 曼弗雷德·S·弗林斯．舍勒的心灵［M］．张志平，等译．上海：上海三联书店，2006：19.

❷ 倪梁康．心有其理［J］．读书，2004（5）.

例如，在教师的体验材料JT-W-Ⅰ中，“鼓励和陪伴”带给教师“有生以来最真的、最美的感动”；在JT-H-Ⅱ中，学生失去了学习的信心和自信，这让教师“更加难过”；在JT-Z-Ⅲ中，学生对教师的接纳和肯定让教师感到“很充实，千金不换”。所以，对正向的较高价值的体验，会给人带来更加愉悦甚至是极乐的感受，而对负向的较高价值的体验则会给个体带来更深入的痛苦甚至是绝望。相反，对较低的正向价值的体验，给人带来愉悦的感受程度较低，而对较低之负向价值的体验，给人带来的不适、痛苦的感受程度也较低。

那么，价值之间的等级关系又是如何确定的呢？舍勒认为，价值级序是在一种特殊的价值认识行为中被把握的，那就是“偏好”行为。

> 一个价值的较高存在是在“偏好”（vorziehen）行为中被给予我们的，一个价值的较低存在是在“偏恶”（nachsetzen）行为中被给予我们。❶

偏好行为的认识功能就在于它能够揭示价值秩序，给出每种价值在级序里的位置。价值之间的秩序来自直观，“这里存在着一个直观的‘偏好明见性’，它是任何逻辑演绎都不能取代的”。❷所以，在人类内心中先天存在着价值级序，这种价值级序所构成的人类“心的秩序”是不学而能、不虑而知的。它与英国道德哲学家莎夫伯里的“内在之眼”和“情感结构与

❶❷ 马克斯·舍勒．伦理学中的形式主义与质料的价值伦理学［M］．倪梁康，译．北京：商务印书馆，2011：60，150.

体系”、中国传统文化中的“同理心”“人同此心，心同此理”以及“心外无理”具有一致性。

依据价值情感现象学对价值以及价值级序的认识，我们可以将前文所总结的教师价值品质条目进行归类和分析，以进一步明确它们在价值等级中的级序及其对学生情感的影响深度。

二、教师价值品质之价值排序

从体验描述以及访谈中，我们获知，在学生的情感偏好中优秀教师与不受欢迎之教师的价值品质分别为：仪表美、温和、讲课生动（技艺）、关心、耐心、真诚、信任、幽默、奉献；不公平、不尊重、不信任。按照舍勒价值情感现象学中对价值以及价值级序的划分，我们对以上价值品质条目进行归类与分析。

（一）价值等级与教师价值品质排序

按照上文所述，从价值质性上来区分，价值可分为正向价值与负向价值；从与位格关系的远近来划分，价值从低到高分为五个等级（见表3-1）。

表3-1　价值等级与教师价值品质排序

价值等级	教师价值品质
等级一：神圣价值	奉献、对知识与真理的信仰
等级二：精神价值	信任、公平、尊重
等级三：生命价值	关心、耐心、真诚责任心、幽默
等级四：实用价值	良好的教学技艺
等级五：感官价值	良好的外在形象、温和

从横向上看，由于人类的感受活动与意向性感受活动所指向的价值质性具有共同的方向，所以能够给学生带来积极感受的优秀教师所具有的价值品质为积极的、正向的价值，如仪表美、温和、讲课形象生动、和蔼、关心、耐心、真诚、信任、幽默、奉献；相反，给学生带来消极感受的不受欢迎之教师所具有的价值品质就是消极的、负向的价值，如不公平、不尊重（辱骂、挫败、轻蔑）、不信任。然而，我们不能仅看到以上价值品质条目，因为“肯定价值的存在本身就是肯定价值”“肯定价值的非存在本身就是否定价值”。[1] 也可以说，每一个正向价值的缺失就相应凸显出一个负向价值的存在；同样，每一个负向价值的非存在就对应着一个正向价值。例如，真诚作为肯定价值的存在本身就是肯定价值，而真诚的消失或非存在，就是虚伪，它是否定价值；耐心作为肯定价值的存在就是肯定价值，而耐心的缺失和非存在就是急躁，它是否定价值。依此类推。

所以，以上价值品质条目从价值质性（正向与负向）的对比中可以扩展为以下条目：较好的形象与较差的形象、温和与暴躁、讲课形象生动与讲课枯燥乏味、幽默与呆板、关心与冷漠、耐心与急躁、真诚与虚假、奉献精神与一味地索取；信任与不信任、公平与不公平、尊重与不尊重。

从纵向上来讲，按照价值等级的排序，以上价值品质又分属不同的价值级序。首先，外表形象较差、比较邋遢的教师会给学生带来不舒服的感受；同时，教师的体罚会给学生带来身

[1] 马克斯·舍勒．伦理学中的形式主义与质料的价值伦理学［M］．倪梁康，译．北京：商务印书馆，2011：61.

体感官的不适，比如，戒尺打手带来手部的疼痛和身体的不适。相反，外在形象较好以及温和的价值品质给学生带来的是舒适感、适宜感。所以，较好的形象、对学生和蔼可亲的态度属于价值等级中的感官价值。其次，讲课形象生动或枯燥乏味属于教学的技艺。技艺类的知识可以通过系统的学习获得。良好的教学技艺能够让学生高效率地获得知识，从而取得教学的成功；反之则不然。所以，教学技艺属于实用价值，关注的是学生获取知识的数量和质量，它直接关涉教学的成功与失败。第三，幽默、耐心、真诚、关心、责任心属于生命价值。其中，幽默展现了生命的活力，幽默的教师能够使学生体验到教师的活力及乐观积极的生活态度，创建轻松愉悦的课堂。而耐心、真诚、关心、责任心体现了教师对学生内在生命的真诚关照，凸显了教师与学生作为鲜活、灵动之生命的价值。同时，具有生命价值品质的教师不会将学生当作获取高分的考试机器，能够真正从学生出发，不断完善教育为幸福人生奠基的使命。第四，信任、公平、尊重属于精神价值。只有具备精神活动能力的人（位格之人）才能体验到精神价值。对正向精神价值的体验能够带给个体精神上不竭的动力和持续的满足感。相反，对负向精神价值（不信任、不公平、不尊重）的体验会带给个体精神上的伤害和持续的心灵痛苦。第五，奉献精神属于最高等级的神圣价值。奉献精神不可被量化，也不可被定时。人可以通过奉献感受到精神的福乐以及持久的充实和满足。同时，奉献精神所承载的价值自发地震撼着人类的心灵。神圣价值对人的影响不会随着时间的流逝而消失。相反，它具有穿越时间与空间而永远存在的能力。对于某个群体而言，对神圣价值的感受越敏感就会使群体越有凝聚力，不易被分开。

舍勒认为，在人类的情感“偏好”中，人们总是“偏好”正向价值以及更高等级价值的实现。所以，当人们的“良知”没有被外物蒙蔽，“心的秩序”没有被打乱之际，人们总是偏好正向价值的实现而偏恶负向价值，偏好神圣价值多于精神价值，偏好精神价值多于生命价值，偏好生命价值多于实用价值，偏好实用价值多于感官价值。依此类推，人们更加偏好教师正向价值品质的实现，偏好信任、公平、尊重等精神价值的实现多于幽默、真诚、耐心、关心等生命价值的实现，偏好生命价值多于技能等实用价值，偏好实用价值多于带给人舒适感的感官价值。

（二）学生对教师之爱与恨的实践分析

在现实生活中，人们的情感偏好和价值选择都可以按照以上所划分的价值级序给予很好的解释。在人类历史中，人们总是更加景仰、崇敬那些具有慈悲心、同情心等价值品质的圣贤。例如，加尔各答的特蕾莎修女（Mother Teresa）用一生诠释了生命的意义，她对一切有情众生的悲悯之心呈现出的精神价值甚至是神圣价值总会让世人体验到一种精神的洗礼和灵魂的净化。人们不会因为她常年只穿着简单破旧的白色“沙丽”（印度贫民妇女的衣服）而减少对她的崇敬，也不会因为她日益苍老的面容而嫌弃她。她在世人心中一直真、善、美的化身。在人类历史的长河中，还有许多像特蕾莎修女一样的圣贤，他们永远不会被人遗忘，因为他们展示了精神价值的高贵与纯洁，对人类的影响历久弥新。可见，在不受外物干扰的情况下，人类的良知总是促使人们选择较高价值，这也是具有精神生命之人的根本所在。

在教育领域，作为“人之存在”的教师和学生，在“心的秩序”没有被遮蔽的情况下都会倾向于选择更高的价值。在体验描述XT-S-Ⅰ中，当学生第一眼看到大张、小张两位教师时，小张老师年轻漂亮、亲切温柔的形象气质让她感到“很舒服、很亲切”，她迫切希望被分到小张老师的班级。当被分到年纪稍长一些且表情严肃的大张老师的班级时，她感觉就像“泄了气的皮球”“甚至有点怨恨”。然而，随着与大张老师的交往，大张老师形象、有趣、生动的讲解以及耐心细致的品质深深地吸引了她，她逐渐爱上了大张老师，喜欢听大张老师讲课。在大张老师的课堂上，她的“脑袋就会打开想象的匣子，有时到了下课也关不上”。大张老师的耐心和鼓励，让她有勇气和自信在课堂中回答问题。可见，舒适的感官感受所呈现的感官价值会影响个体的选择，教师的外在形象会影响学生对教师的初步认知。然而，感官感受始终是容易消逝的、不可靠的。当个体感受到更高价值的存在时，会主动放弃对较低价值的偏好去追求更高价值。教师应该关注自己的仪表，使自身形象呈现出正向的感官价值，为学生带来舒适的感官感受。而更为重要的是，教师要重视向更高等级的价值品质迈进。只有让学生体验到更高等级的价值品质（生命价值、精神价值）才能得到学生内心的认可，这种认可是长久的、稳定的和深刻的。

这同样可以解释为什么有些教学技术很好、能够给学生带来高分但很冷漠的教师不受学生欢迎，有些体制内所认可的给学校带来骄人升学率的“好教师”却没有让学生感受到他的“好”，甚至成了学生的梦魇。因为对高分的追求是一种典型的对实用价值的追求。当教师的目光仅仅局限在高分上，他所关注只能是冷冰冰的教学技巧和严苛的班级管理，学生从教师身上感受到的不是积极的价值品质而是冷漠。对冷漠的感受是对负向生命价值的体验。在两者之间抉择，人们总是不愿以正向的生命价值为代价而换取实用价值，与冷漠相对应的关心这一正向的生命价值更吸引人。

这还可以解释，为什么学生对不公平的教师是最无法原谅的。因为：

> 不公正是“在”位格的受伤害的感觉中被给予的，它不像肉体上的疼痛那样可以在人的感官感受中被给予。一种被感受到的位格的不公正会表明，感受可以独立于逻辑论证，比方说，独立于法庭辩论。这种感受与法律的判决并不一致，它不受任何理性辩护的影响，并能在遭受不公正的个体或群体心中存在很长时间。❶

所以，当具有精神活动能力的个体感受到不公平，尤其是感受到自己的重要他人对自己做了不公平的事，就会体验到精神的痛苦和愤怒。这种痛苦不同于依附于感官的疼痛，一旦疼痛消失，痛苦也消失；不公正、不公平是存在于人之精神中的感受，一旦个体体验到这种负向的精神价值，它就会长期留存于个体心中，甚至会对个体的一生造成无法挽回的影响。同样，教师对学生的对嘲讽、辱骂，会使学生感受到羞辱和轻视，从而体验到负向的精神价值。这种由负向精神价值体验所带来的心理痛苦之广度和深度都要远远大于负向感官感受所带

❶ 曼弗雷德·S·弗林斯. 舍勒的心灵［M］. 张志平，等译. 上海：上海三联书店，2006：20.

来的身体痛苦。同时，由正向精神价值体验所带来的喜乐和幸福的程度也要远远超过由正向的感官价值、实用价值甚至是生命价值所带来的适宜和快乐。

总之，价值秩序存在于人类的内心之中。在心的秩序没有被欺瞒、颠覆的情况下，人们总是偏好正向的更高的价值等级，而偏恶负向的较低的价值等级。这种由意向性感受活动所指向的价值与感性感受活动具有一致的方向性，人们在做价值选择时，"感受优先于思考和意愿——这是一种（客观）的秩序（order），而不是（人为的）顺序（sequence）"。[1] 所以，我们不能忽视内在伦常和人类情感自身的道德价值。如果每个个体都可以按照价值秩序和本源的"心的秩序"行事，人类社会将会和谐而有序。然而，现实的情况是，人们总会受到外物的蒙蔽，产生价值欺罔，或是由于无力获取更高价值而贬低它，将较低价值凌驾于较高价值之上。

> 我们常常高估所有那些我们肯定追求的价值（或者更确切地说：那些我们体验为"可以追求"的价值）；但我们常常低估那些我们虽然感受到，但却知道无能去追求的价值，或者说（在某些情况下），那些通过一种欺罔过程而被我们转而感受为负向价值的价值。[2]

诚然，在利益、效率、实用的导向下，各行各业都在追逐

[1] 曼弗雷德·S·弗林斯．舍勒的心灵［M］．张志平，等译．上海：上海三联书店，2006：18.

[2] 马克斯·舍勒．伦理学中的形式主义与质料的价值伦理学［M］．倪梁康，译．北京：商务印书馆，2011：77.

利益的最大化，教育领域也未能脱俗。学校之间、教师之间的声誉竞争、升学率竞争、职称评比竞争、教学成果竞争，等等，都影响着人的价值体验。那么，具体来讲，现代性价值秩序究竟如何影响教师的体验结构，进而影响教师价值品质的形成呢？

三、现代性价值失序对教师价值品质的影响

现代性价值秩序是建基于工商业原则上的，以实用价值、工具价值等外在价值为导向的价值系统。在现代性价值秩序中，工具价值压倒了生命价值，利益压倒了德性价值。舍勒称之为现代性的“价值失序”和“价值颠覆”。在此过程中，人类的价值体验结构和价值偏爱体系发生了根本的改变，现代教育的价值取向也随之发生了变化——不再致力于培养具有高贵精神的人而专注于培养具有实用价值的工具性个体，教育过程不再关心终极的善与恶，只关心效率和功用。现代性以及现代性教育的价值秩序影响着教师的价值体验结构，并影响着教师价值品质的形成。

（一）“工具理性”与教师对实用价值的偏好

现代性的价值偏爱法则是工具价值优先于生命价值与精神价值，即外在工具理性价值优先于内在价值理性。在现代性中，理性已经从古希腊时期追求灵魂转向的价值理性转变为工具化和对象化的工具理性。工具理性帮助人们控制和利用自然界，给人类带来了科技的繁荣与物质的丰赡。

> 我们这个时代，因为它所独有的理性化和理智化，最主要的是因为世界已被除魅，它的命运便是，那些终极、最高贵的价值，已从公共生活中销声匿迹。[1]

在追求合理性、技术化的生活秩序中，工具理性“去价值化”的本质也显露无遗，由工具理性所主宰和控制的价值世界只是“有用价值”的代名词。

以下是对一位教师的访谈，主题是“教师心中最重要的品质”。

> 问：作为教师，您认为最重要的品质是什么？
>
> 答：我觉得，教师一定要严厉。
>
> 问：为什么这么说？
>
> 答：因为严厉才能让学生怕你，这样才能保持课堂纪律。学生害怕，不敢捣乱，还能按时交作业，学生成绩就能提上来啊。成绩提高是最有意义的！我们年级组有个W老师，他就特别厉害，学生见着他都打哆嗦。我看见过一次他打他们班的一个男生，打得可狠了。就这样，他们班级的学生都不敢不写作业，上课也不敢捣乱，所以他们班成绩一直都是年级领先的。
>
> 问：为什么说成绩提高是最有意义的呢？
>
> 答：啊，这还用说吗，学生不就是来学习的吗！成绩提高了说明他学到了知识，学到知识将来就能用了。升

[1] 马克斯·韦伯．学术与政治［M］．冯克利，译．北京：生活·读书·新知三联书店，1998：48.

学，找工作，哪个不需要好成绩啊……（材料来源：JF-X-2014/6/6）

在工具理性所主导的世界中，现代教育的价值就在于培养工具性的人，即对社会“有用”的人。教育不再是灵魂的感召和智慧的唤醒，也不再执着于对完满人性的培育。现代教育作为理性地处理人性的技术，是现代性工具理性最为得力的助手。而现代教育的工具性价值取向自然导致教师对实用性价值的偏好。这主要表现在：教学过程中以向学生传授“有用性”的知识为主，对学生作为人的情感与德性的发育缺乏关照。所谓“有用性”的知识，指课本知识、将要作为考试内容的知识、能够给学生带来高分并给教师带来利益与荣誉的知识，即用于宰制世界的实证的专业知识。为了在最短的时间内有效地获取更多的“有用的”知识，现代教师教育研究也将重点转向如何提升教师的教学技艺和班级管理效率上。

在此工具理性的价值导向下，教师的价值体验以外在的工具性、实用性价值为主，一切有碍于学生获得“有用的”知识的价值都被认为是次要的或无用的。知识本身所具有的使用价值也完全凌驾于其精神价值之上。最终，不是人掌握了知识，而是“有用的”知识控制了人。正如舍勒所说：

在现代文明的发展中，人之物、生命之机器、人想控制因而竭力用力学解释自然，都变成了随心所欲地操纵人的主人；“物”日益聪明、强劲、美好、伟大，创造出物

的人日益渺小、无关紧要，日益成为人自身机器中的一个齿轮。❶

在追逐实用性知识的过程中，教育中的“人”变得无关紧要，人之生命价值和精神价值不断被贬抑；有用性知识成为控制教育主体喜怒哀乐的工具，人成为有用性知识的奴隶。这也是舍勒所说的现代性中“奴隶造反成为主人”的重要例证。

（二）“过度竞争”与教师价值欺罔的产生

两眼一睁，开始竞争。不苦不累，高三无味；不拼不搏，等于白活。就算拼个头破血流，也要给我冲进一本的大楼……提高一分，你就有可能干掉的是上万人！上万人！懂吗？扛得住给我扛，扛不住，给我死扛！累死你一个，幸福你一家！破釜沉舟，拼它个日出日落；背水一战，干他个无怨无悔……（电影《青春派》中班主任撒老师的台词）

现代性以效率、实用等外在利益为价值导向，竞争制度是整个社会的灵魂。在当今的教育界中，竞争无处不在。学校与学校之间的声誉竞争、教师与教师之间的教学水平竞争、学生与学生之间的成绩竞争主导着教育实践的方向。竞争成为获取实际利益的途径，只有取胜才能获得更多的外在利益，如学校

❶ 马克斯·舍勒．价值的颠覆［M］．罗悌伦，等译．北京：生活·读书·新知三联书店，1997：166.

的良好声誉、教师的奖金和福利等。而学生的考试成绩是决定胜负的唯一标准，所以高分数便成了最重要的价值追求。在教育界，知识已然成为获取高分的工具，智慧则无立锥之地。在教育过程中，教师往往为了实现这一工具性价值，将学生的生命价值与精神价值付之阙如。正如上述材料中所呈现的，为了提高成绩可以“头破血流”，因为“提高一分”就可以“干掉”上万人。如此赤裸裸、血淋淋的竞争在本应充满人文关怀的教育世界中大行其道且高唱凯歌。

在“两眼一睁，开始竞争”的世界中，教师的体验结构面临着挑战。在外在利益的驱使下，一切有碍于提高学生成绩的价值形式都被“合法化贬低”。教师将全部精力投入到提高学生成绩的技艺上，有意无意地忽视了更高价值的实现，放弃了对更高价值的体验和追求，将较低的工具性价值高高举起。教师价值体验中的价值欺罔便随之产生，以功利价值为导向的体验结构堂而皇之地具有了合法且合理的地位。

教师价值欺罔的产生，带来的是浅薄的功利心和浮躁的存在感。在过度竞争的教育世界中，如果教师自身不能超越名利的束缚，便会将学生也拉进去，陷入升学主义的泥潭。教育脱离了“常道”，师生的生命在价值欺罔中负累、扭曲。

（三）“道德虚无”与教师道德体验的弱化

> “老师，你怎么不把我们带出来才走啊?”我说：“我从来不是一个勇于献身的人。”后来，我告诉对我感到失望的学生说：“我是一个追求自由和公正的人，却不是先人后己勇于牺牲自我的人!”……（对于我在地震中先跑

的行为）我没有丝毫的道德负疚感。（范美忠的博客）

现代性道德在本质上是虚无主义。道德虚无主义推翻的是终极道德价值。在丧失了终极价值标准之后，人们为了在一定程度上寻求行为的合法性，又将某种新的道德价值作为标尺。在现代性的大背景下，新的价值标准是个体的利益与欲望的满足。至此，人的德性被贬低为在不损害他人利益的前提下谋求自己的利益。道德的合理性和权威性不是建立在对终极之善的价值追求上，而是建立在普罗大众的普遍共识上。正如舍勒所说：

> 现代性道德的两个出发点是：要么为道德判断问题上的极度混乱辩护，结果得不出“确定的东西”，或者采纳一个可代替真正的价值客观性的代用品，一个所谓普遍有效的“类意识”。它以一种干脆命令式的“你应该”强制对每个人有效：对一种意愿和行动的普遍承认或者其“可承认性”，应该代替所缺少的价值客观性。[1]

可以说，终极价值在道德虚无主义的侵蚀下不断被溶解，取而代之的是“普遍承认”基础上的道德规范与律令。

建立在虚无主义基础上的现代道德已经将崇高的德性贬黜为互惠式的欲望满足，人们在实践活动中可以无视更高价值品质的获得，因为只要遵从普遍有效的规则就可以得到认同并免于承受道德上的指责。而这种“平庸之间的认同已经使‘我’

---

[1] 刘小枫．舍勒选集·上［M］．上海：上海三联书店，1999：502.

得到最大程度的满足”。❶ 现代性道德虚无主义促使人们寻找普遍规范来替代终极价值，并在遵守规范中体验形式化的道德价值。在教育领域中，教师德性可以简单地归约为对教师行为规范或道德规范的遵守。现代教育中的道德虚无主义合法地将教育的道德性内涵排除，这使得教育之为教育的基础被彻底击碎，而教育的知识性、技能性基础在科学理性的筹划下取得了合法地位。与此同时，教师角色的道德性价值便自行贬值。

最终，建基于工具理性并以最大限度地传授知识技能为导向的现代教育理论改变了传统中教师对真正道德的价值体验，以及对自身高洁品质的追求。在教学活动中，教师仅以遵守行为规范和道德规范为德性的表现，那么，德性就简约为对道德规则的遵守。在此意义上，教师不再是传统意义上的“传道”之人师，而是按照规范行事的人力资本的培训师和搬运知识的工匠。现代教育道德性的缺失导致教师缺乏对自身行为的道德体验和反思。教师不再反思自身行为举止对学生的道德影响，并逐渐对自身行为中所呈现的价值劣品及其对学生造成的精神伤害不知不觉，且安之若素。

我们认为，现代性价值秩序指向下的教师体验结构阻碍了教师价值良品和生命性、精神性价值品质的形成。尤为重要的是，教师角色德性内涵的式微与教师对较高价值的漠视之间是互为因果的。具体来讲，教师角色道德性内涵的缺失以及教师在教学活动中道德体验的弱化，直接导致教师对较高价值品质的忽视。同时，教师对较高价值的漠视，也阻碍了教师的道德

❶ 高伟．回归智慧，回归生活——教师教育哲学研究［M］．北京：教育科学出版社，2010：196.

性实践。然而，从学生对教师价值品质的感受和体验来看，处于较高等级的价值品质对学生的影响是较为持久、深刻的。所以，只有重塑教师角色的德性内涵，明确教师行为所呈现的价值质料对学生的道德影响，才能使教师对自身行为进行道德反思，并关注较高价值品质的获得。而解决现代性教师德性式微的问题，则需要在探究现代性道德问题的基础上，重塑教师德性，转变教师的体验结构。

第四章　重塑教师德性

一、传统教师德性观的破裂与现代性道德的反思

现代性社会中，传统的道德图式日渐式微。道德多元以及个体主义道德观念成为现代性道德的主要特征。现代人游走于各种德性观中，似乎随时可以选取其中之一为自身的行为进行道德辩护和合法性论证。可见，现代性的过程不仅是对自然世界的祛魅过程，也是对精神世界的祛魅过程。传统的道德理念和德性观在现代性的冲击下失去了神秘性与崇高性，普遍表现为个体德性精神的式微，进而转向对普遍规范的遵守。在现代教育领域，教师德性精神式微是最大的隐忧。如何在此背景下重塑教师德性，成为目前亟待解决的问题。

（一）中国传统德性观的破裂

在传统儒家思想中，德性是人之所以为人的精神实质。人之德性体现在对道的追求中。“君子谋道不谋食，君子忧道不忧贫”（《论语·卫灵公》），“君子喻于义，小人喻于利”（《论语·里仁》），意味着君子以“道”“义”为待人接物的标准，小人则以“食”“利”为行事的价值导向。这体现出传统伦理思想中对“道”“义”的推崇，以及“道”“义”之于“利”的价值优先性。中国传统中的教师角色是与天、地、

君、亲并列的道德圣人，求道、守道、传道是教师的天职。作为具有内在精神德性的君子，教师应该淡泊名利、无私无隐、重义轻利，成为世人的道德典范。传统教师的德性体现在传道、教人成人的过程中。所以，以道为圭臬的形而上追求是传统教师德性观的集中体现。

现代性道德是建基于主体权利的道德话语。以教师的权利、义务以及法律的认可为标准的教师角色定位逐渐占上风，教师角色从传道之“天职”走向授业之“专职”。在现代性规范伦理学的指向下，教师对德性的追求在系统的组织秩序以及道德规范的框架内不断被弱化，传统教师角色的德性内涵在现代性的制度化普遍规范下逐渐式微。进入21世纪，教师教育研究的重点之一是教师职业的“专业化”问题。在探讨的过程中，对教师专业知识与专业技能的研究如火如荼，却较少关注教师作为个人的德性问题。这也是现代性教师德性式微的主要表现。在知识就是力量、科技带来美好生活的今天，人们不再相信“德福一致”的“陈词滥调”，转而笃信知识、理性才是推动人类进步的源泉。所以，教学效率、教学成绩这些可量化的内容才是评价教师优秀与否的普遍指标。至于教师是否遵从“师道”、是否具有德性等问题则被边缘化。

我们认为，无论是在传统社会还是现代社会，教师角色所应有的道德性内涵始终不能被舍弃，因为教育之所以为教育就在于其“教育性”，而教师也不只是传递知识的工匠。在师生交往过程中，教师的德性通过行为举止被学生所感知，学生浸润在由教师所架构的意义世界中，其良好价值品质的获得主要是受到教师价值品质的影响。

在教学活动中，学生不仅从教师身上学到知识、技能，还能从教师身上体悟到、感受到教师的价值观、情感、态度等体现教师品质和道德的“非知识”部分，即教师在教学活动中有意识地向学生传授知识的同时，已经以无意识的方式向学生传递了“我是什么样的人”、“世界是什么样的”、“如何行事是应该的”、什么是好的、善的，什么是坏的、恶的，怎样对待他人等等认知图式。学生能够从教师的行为举止中体验到人类的基本价值。所以，与说教式、灌输式的道德教育相比，作为道德行为者（moral agent）的教师的行为举止（teacher's manner）更能有效地培养并影响学生的道德认知。教师的行为举止能够表达、揭示教师的价值品质以及理智特点，体现教师德性，对学生具有直接的道德影响，亦是学生获得美德的主要途径。❶

教师的行为举止是其内在品质、美德的外显，是学生效仿的对象。

学生要想真正领会诚实、公平、同情、体谅、宽容、分享等等这些价值品质时，就需要从观察、模仿教师在课堂上的一举一动来体认这些价值品质的实际内涵。❷

所以：

---

❶❷ 陈黎明．教师行为的道德思考——基于亚里士多德对善、幸福与德行的论述［J］．教育理论与实践，2015（4）．

> 教师在帮助并且期望学生具有正义的品质时，他自己首先要表现得十分正直；教师想要学生富有同情心和爱心，他自己首先就要拥有这些品质；教师想要树立宽容的榜样，首先就要以身作则让学生懂得怎样学会宽容。在与学生打交道的过程中，教师的举手投足都会产生道德影响力。[1]

因此，教师作为道德存在者的身份是毋庸置疑的。而接下来要探讨的，是如何解决现代性道德问题和教师德性式微。

（二）对现代性道德问题的反思

我国传统对教师德性的阐释以“道”为圭臬，具有明显的形而上之意蕴，在实践中不易把握。在现代性背景下，我们希望通过汲取西方伦理学思想对教师德性观进行重塑，恢复教师德性之精神力量。

在古希腊伦理学体系中，德性（virtue，或译成美德）是一个根本性的概念。在荷马时期，人们对美德的认识是比较简单的，即“就其职而谋其事”，做符合自身社会角色的事。亚里士多德的德性观则有所不同，他认为：

> 德性是使得一个事物状态好并使得其实现活动完成得好的品质。而如果是这样，那么，德性也就是使得一个人

[1] Fenstermacher，G. D. Some Moral Considerations On Teaching As A Profession [M] //J. I. Goodlad，R. Soder，K. Sirotnik. The Moral Dimensions of Teaching. San Francisco：Jossey-Bass，1990：154.

好并使得他的实践活动完成得好的品质。❶

亚里士多德将德性视为人在实践中获得的行善倾向，它体现为对人对己的善；它是一种支配人选择的气质，是一种人道的行事方式。亚里士多德将德性分为理智德性和道德德性两部分。理智德性需要教导才能养成，道德德性则要通过习惯来养成。习惯通常是在日常生活中、在与重要他人的接触过程中逐渐养成的。亚里士多德认为：

> 智慧、理解和明智是理智德性，慷慨与节制是道德德性。当谈论某人的品质时我们不能说他有智慧或善于理解，而是说他温和或节制。不过一个有智慧的人也因品质而受称赞，我们称那些值得称赞的品质为德性。❷

亚里士多德在《尼各马可伦理学》中使用的德性条目包括温和、勇敢、羞耻、节制、义愤、正义、慷慨、诚实、友爱、坚强、大度、大方、机智。其中，每一种德性都有它的不及和过度，而坚强和机智是与道德德性最为接近的理智德性。西方在中世纪以基督教精神作为道德依据。在《新约》中，信仰、希望、爱、谦卑是最为核心的美德条目。其中，谦卑是与亚里士多德的慷慨相对立的一种恶的品质。尽管如此，《新约》中的美德认识论与亚里士多德的德性论在逻辑结构上仍然是一致的。二者都认为："一种美德就是这样一种品质：其践行导致

---

❶❷ 亚里士多德．尼各马可伦理学［M］．廖申白，译．北京：商务印书馆，2003：26，34.

人的目的（telos）的实现。”[1] 也就是说，德性所指向的是善的人和善的生活。以亚式和《新约》为代表的西方德性论思想重视个人德性的形成，目的是将人从“偶然所是的人”转化为“可能所是的人”，实际上是一种目的论的道德框架。

随着西方进入工商业文明时期，原有的社会意识形态和道德结构发生了变化。尤其是18世纪以来，科技理性在改造自然界方面显示出无可比拟的优越性，导致人们对科技理性高度崇拜。在道德哲学领域，哲学家们从各自的观点出发进行阐释，奠定了现代性道德的理论基础。比较有代表性的有：富兰克林以功利主义为出发点，认为美德是“有用的”，是个人获得成功的功用性品质；狄德罗、休谟从人性论出发，认为道德建立在欲望和激情的基础上；康德认为道德建立在人的理性之上，德性是对义务的绝对遵从；克尔凯郭尔认为，道德建立在无标准的选择基础上。然而，现代伦理学家麦金太尔认为，18世纪以来的哲学家试图为现代性道德提供一种合理化的论证是不成功的，因为他们都拒斥任何目的论的人性观，并消除了任何有关“实现其目的而可能所是的人”的概念，而由此所留下的道德框架是极其模糊和残缺不全的。现代社会中的道德滑坡以及两次世界大战给人类带来的精神伤害，也昭示着现代性道德筹划的失败。为了解决这一问题，学者们通过三种途径进行了探索。其一，以哈贝马斯、罗尔斯等为代表，他们认为现代性道德是“尚未成功的筹划”，而要完成这一筹划，需要从现代性内部出发，对现代性道德进行改建和重塑，途径是重建公

[1] A. 麦金太尔. 追寻美德——伦理理论研究［M］. 宋继杰，译. 北京：译林出版社，2003：234.

共理性，建立“商谈伦理”（哈贝马斯）或基于正义原则的道义论（罗尔斯）。其二，以麦金太尔、查尔斯·泰勒为代表，他们主张通过历史道德文化资源来重塑亚里士多德时期的美德伦理，重塑现代人的文化认同。其三，是主张对现代性道德进行解构的后现代道德思想。我们认为，任何伦理思想和道德的演变都离不开传统思想，美德也不例外。

> 一切道德总是在某种程度上缚系于社会的地方性和特殊性，现代性道德作为一种摆脱了所有特殊性和普遍性的渴望只是一种幻想。❶

在我国现代性的大背景下，试图完全摆脱传统德性观必定会带来道德领域的混乱和无序。所以，解决现代性道德中存在的问题不能忽视传统思想的影响。儒家思想重视个体所承担的社会道德义务，同时更注重作为人的道德修养，并以“成为有德性的人”为最终的价值目标。可以看出，西方的目的论美德伦理学与儒家的伦理思想有一定的相似之处。在解决现代性道德危机的多种途径中，麦金太尔对传统美德伦理的追溯及其对德性的解说可以为我们提供参照。

麦金太尔通过对西方社会不同阶段美德概念的梳理，指出西方至少有三种非常不同的美德观点，它们依据分别是社会角色、人之目的和功利主义。在这三种观点中，是否能寻找出一种核心的美德概念呢？麦金太尔的回答是肯定的。他认为，要

❶ A. 麦金太尔. 追寻美德——伦理理论研究［M］. 宋继杰，译. 北京：译林出版社，2003：160.

想理解核心的美德概念，就要从三个阶段来认识美德概念的逻辑发展。

> 首先，将诸美德视为获得实践的内在利益所必要的品质；其次，将它们视为有助于整个人生的善的诸品质；再次，显示它们与一种只能在延续中的社会传统内部被阐明与拥有之对人来说的善的追求之间的关系。❶

第一个阶段建基于对实践的解说以及对实践的内在利益与外在利益的理解上，将美德界定为通过实践获取内在利益的人类品质。然而，当内在利益与外在利益发生冲突时，在各种德目之间发生冲突时（例如，朋友犯罪，你是维护“正义”还是要“忠诚”于朋友，帮助他逃脱法律的制裁），仅用实践为基础来解释德性是有局限的。所以，德性的内涵就需要超越实践的规定性去寻找一个更大的背景，这就是德性概念发展的第二个阶段：指向人之善的生活。也就是说，以善的生活指导德性实践。在追求自身善之生活的同时，要克服现代个体主义的立场。善不是建立在个体主观意愿上的善，要认识到历史文化中的德性传统，这种传统在人类对共同的德性和善的体认中被代代相传进而得以保留。

综上所述，麦金太尔分三个阶段对德性的内涵给予了界定。其中，第一个阶段是第二个阶段的基础，并被第二个阶段所修正；依此类推。他的界定可以帮助我们突破现代性道德涣

❶ A. 麦金太尔．追寻美德——伦理理论研究［M］．宋继杰，译．北京：译林出版社，2003：347.

散与价值多元所带来的德性观的模糊性与不确定性，为我们在现代性背景下构建教师德性提供参照。

二、构建教师德性的三个维度

（一）教师教育实践之内在利益的价值指向

麦金太尔对德性的界定建立在对实践之概念的解说上。他指出，德性是能够获取实践的内在利益的品质。也可以说，德性是一种品质，这种品质的践行可以帮助人们获得内在于实践的利益或善。这里所说的实践：

> 不仅仅是一系列专门技术，哪怕这些技术被指向某个统一的目标，或者这些技术因其自身的缘故有时受到重视或赞赏。实践中最独特的东西一定程度上就在于，专门技术所服务的——每一种实践都需要专门技术的运用——相关的利益和目的，由于人类能力的扩展以及出于其自身内在利益——这些内在利益部分地限制了每一种特殊的实践或是实践类型——的考虑，而被改变和充实的方式。❶

也就是说，每种实践都具有特定的内在利益，内在利益是区分不同实践类型的主要依据。这里需要区分实践的内在利益与外在利益以及二者与美德之间的关系。实践的内在利益是内

❶ A. 麦金太尔．追寻美德——伦理理论研究［M］．宋继杰，译．北京：译林出版社，2003：245.

在于实践的利益，内在利益的获得有益于参与实践的整个共同体；外在利益是外在于实践的利益，它与实践的关系是偶然的，是在某种社会环境下附系于实践的利益。比较典型的外在利益如权利、名声、地位、金钱等。外在利益与处于较低等级的价值具有相似性，它们是不可共享的，某人占有的越多，其他人占有的就越少。

> 美德与外在利益和内在利益的关系截然不同。拥有美德——而不只是其外表与影像——是获得内在利益的必要条件；但拥有美德也可能全然阻碍我们获得外在利益。❶

虽然我们希望有德性的人既可以获得实践的内在的善也可以相应地获取外在利益，但是现实生活中仍然存在"无德而富"的现象，以及因为具有某种美德而没有得到外在利益的情况。例如，具有正直品质的人也许会因为直言而得罪领导，失去了晋升的机会等。所以，美德可以帮助个人获得实践的内在利益，却不一定获取外在利益，甚至有可能妨碍外在利益的获得。

教育教学作为一种实践形式，有其特有的内在利益。例如，智识分享和理智的挑战所带来的乐趣，学生智力的提升所带来成就感，面对学生身心全面成长的喜悦，以及在师生交往中所获得的师生情谊等。为了获得这些内在利益，就需要教师具有某种美德或品质，如良好的教学技艺、关心、真诚、信任、尊重、公正等。可以说，教师只有拥有这些美德，教育实

---

❶ A. 麦金太尔．追寻美德——伦理理论研究［M］．宋继杰，译．北京：译林出版社，2003：248.

践的内在利益才能实现。当然，实践需要社会制度和机构的支撑，教育实践需要学校这一社会机构支撑。但是，与实践本身所追求的内在利益不同，社会机构只认可外在利益。而外在利益作为人类欲求的对象，是我们无法忽视的。内在利益是教育之所以为教育的内在规定性，它是恒定不变的，而其外在利益的表现形式则随时代而变化。在现代性背景下，附系于教师教育实践的成绩、奖励、名声、权利、金钱等外在利益越来越受到关注。虽然作为社会中的个体具有适当的外在欲求是正当的，但需要警惕的是，对教育实践的外在利益的追求似乎超越了对其内在利益的关注。如果对外在利益的追求成为压倒一切的价值指向，那么，教育实践中那些与内在利益的获得息息相关的教师德性就会被忽略和抛弃。在此情况下，只有拥有相应美德的教师才能守住并实现教育实践的内在利益，保护教育之所以为教育的根本。

那么，在当今时代，教师作为社会中的个体如何才能抵挡住外在利益的诱惑，守住教育之高洁的灵魂？在复杂多变的教育实践中，教师又应如何协调各种美德之间的关系？❶ 仅以实践为基础的解释是无法回答这些问题的，是不全面的。

❶ 在教师的访谈中有一个案例：某学生（中专生，家境贫寒的孤儿）平时上课从不迟到，听课认真且积极努力。然而，他在期末考试中有一门课差3分，没有及格，这会让他无法拿到某项资格证书，影响他日后的工作。由于这个班的试卷不是这位任课老师批改的，任课老师得知情况后重新找到这位同学的试卷，发现主观题部分如果松一些是可以找回3分的。在一番考虑之后，这位老师决定帮学生“改分”。然而，他一直也很矛盾，不知道自己的行为是否违反了公正公平原则；在坚持公平与学生前途之间，如何选择是正确的。

> 除非有一种目的，它通过构成整体人生的善而超越实践的有限利益，否则，不仅某种毁灭性的专断将侵犯道德生活，而且我们也将无法充分地澄清某些美德的语境。❶

因此，我们需要一种整体人生目的论的道德框架，作为引导个体实践之善的内在依据。

（二）教师成为“有德”之人

在教育实践中，为了实现教育的内在利益或曰内在的善，需要教师具有某些特定的美德。为了维持诸美德在实践中的稳定性，需要为它们的践行提供一个充分的目的，即人生统一性的善之生活。所谓的人生统一性是针对现代性将人的生活分为不同的部分而言的，个体在其中扮演着不同的角色，并具有相应的行为规范。个体只能在他所扮演的各种角色的生活中得以拼凑性地呈现，这种个体与角色的分离使我们看不到人生的统一性。而我们所追求的真正的德性，不是在特殊的境遇或实践中展现的，而是在不同的境遇中都一致的。如果将角色德性与个人德性相分离，人生的统一性就被破坏。而角色德性失去人之德性的支撑，会很容易在缺乏外在监督机制的情况下自行消失。角色德性是美德的“形”，个人德性是美德的“神”；“神”是“形”的基础，“形”是“神”的展现。

所以，我们要在人生的统一性中探寻善之生活。这种探寻要克服外在利益的引诱，不断趋向终极之善的目标。

---

❶ A. 麦金太尔．追寻美德——伦理理论研究［M］．宋继杰，译．北京：译林出版社，2003：257.

> （美德）不仅能维持实践，使我们能够获得内在利益，而且还会通过使我们能够克服我们所遭遇的那些伤害、危险、诱惑和迷乱，而支持我们对善做某种相关的探寻，并且为我们提供越来越多的善的知识。❶

在教育生活中，教师不仅作为教师"角色"而存在，更是作为个体的"人"而存在。作为"人"的教师必须对诸如"对于人来说，善的生活是什么""对于学生来说，真正的善之生活是什么""我如何帮助学生走向善之生活"等问题进行深入而广泛的思考，并在对终极善的追寻中成为有德性的人。而"对有德的人来说，德性是他的本性，是他的存在"。❷所以，只有成为有德性的存在，才能自然而然地实现教育的内在利益，并以自己与学生的整体人生之善为目的，能够在任何教育情景中做出适当的行为和选择。需要注意的是，对于善之生活等问题的思考，并不是建基于主体道德立场的自说自话，而是在自身所处时代及历史文化中探寻。

（三）教师德性的传统维度

现代性个体主义道德观忽视一切传统的影响，认为自己完全可以决定自己如何在世间存在。同时，现代性自我的概念是超然的自我，这种自我似乎与其所生活的社会历史完全没有关系。然而，人类总是从传统走向现在的存在，在力图摆脱传统的过程中，必然对传统观念有所继承。如此，传统便成为人们生活的一部分。

❶ A. 麦金太尔．追寻美德——伦理理论研究［M］．宋继杰，译．北京：译林出版社，2003：278.

❷ 陈嘉映．价值的理由［M］．北京：中信出版社，2012：16.

同时，从传统中继承的思想也成为现代道德的起点。

事实上，我们对某种实践的认识通常来源于代代相传的理解模式。自我是叙事性的自我，是历史中以及共同体中的自我。具体来讲：

> 自我必须在诸如家庭、邻里、城邦、部族等共同体中并且通过它在这些共同体中的成员资格去发现它的道德身份，这并不意味着自我必须接受这些共同体形式的特殊性在道德上的各种限制。不从这些道德的特殊性出，就无从开始；正是从这类特殊性出发的向前运动构成了对善、对普遍性的探寻。[1]

个体必须通过自身所处的历史文化来确认自己的道德身份，并以此为出发点不断探寻终极之善。现代社会中的教师，其道德身份也不可能是完全脱离传统的自我主观认定。因为即使是个体最基本的自由和权利，也是共同体中的、历史的规定。我国传统中的教师道德身份界定是当今教师道德身份界定的出发点，如果抛弃或切断这种历史关联，势必会造成各种关系的混乱。在本书绪论部分所引述的事件中，范某站在个体主义的道德立场，认为自己并没有在危难之时救助学生的义务，并堂而皇之地宣扬自身行为的正当性。他宣称自己不是一个道德主义者，在危难时刻，除非是自己的女儿，恐怕连自己的母亲都不会去救。他将自我分成了父亲、儿子、教师等不同身

[1] A. 麦金太尔．追寻美德——伦理理论研究［M］．宋继杰，译．北京：译林出版社，2003：280.

份，并划分了不同角色的义务。然而，他却忘记了作为整体之人在社会共同体中对善的追求。这实际上是忽视了其所处的社会文化传统对教师道德身份的确认，这种自我生活的分离也成为现代性否认道德判断的实在性的基础。每个人似乎都可以为自己在特殊境遇中的行为，甚至是显而易见的不负责或自私的行为，寻找到一个合理的论证。而在现代性背景下，我们似乎对这类行为无法进行有力的道德评判。但是，对善恶的评判无法绕开历史文化传统的规定。

> 对传统的充分领会是在对未来可能性的把握中显示自身的，并且正是过去使这些未来的可能性有益于现在。❶

具体到教育来说，什么是善的实践？怎样的教师是好的教师，是有德性的教师？怎样的学校又是好的学校？对此类问题的探寻，实际上是源于传统、通向未来的对何为终极之善的探寻。

三、现代性背景下教师德性的展现

（一）教师德性："应然"与"能然"的相遇

在道德哲学史上，关于应然与能然（应当与能够）之间的关系以及在此基础上产生的德行概念有两种截然相反的观点。一种以斯宾诺莎、居伊约（居友）以及路德等哲学家、神学家

❶ A. 麦金太尔．追寻美德——伦理理论研究［M］．宋继杰，译．北京：译林出版社，2003：283.

为代表，认为“应当”建基于“能够”的基础上。另一种以康德为代表，认为“能够”建基于“应当”的基础上。前者认为做“能够”做的事就是德性，后者认为履行义务做“应当”做的事才是德性的体现。

舍勒认为，以上两种认识都存在问题。前者简单地将德性等同于“能干”（TÜchtigkeit）；后者将德行（德性）视为一种“技能”（Fertigkeit），即重复地尽曾尽过的义务。然而，“德性”不等同于“能干”或者做某事、成就某事的禀性或者才能。

> 对观念应然的体验与能然是同样原初地并互不依赖地建基于最终的直观之中，因而无论如何都不可能以某种方式把一个回溯到另一个之上。❶

也就是说，应然与能然不是建基与被建基的关系，德性的现象学本质中必定包含两个同样原初、同样直接被给予的体验，即对一个内容的“观念应然”的体验和对此内容的“所能状态”的体验。舍勒认为：

> 如果一个作为（观念）所应的（gesollt）被给予之物也直接作为一个“所能之物”而被给予，那么就会从这个事实情况中产生出“德行”概念……在把握到“观念的”所应之物与所能之物的争执的情况下，或者说，在对一个

❶ 马克斯·舍勒．伦理学中的形式主义与质料的价值伦理学［M］．倪梁康，译．北京：商务印书馆，2011：308，352.

> 相对于作为观念所应的被给予之物而言的不能够或无力（Ohnmacht）的把握中，恶习（Laster）的概念产生出来。❶

德性是一种能然意识，是观念的所应之物与所能之物在现象学本质直观中的相遇和契合。德行在根本上意味着一种直接被体验到的“强力性”，即去做一件观念应然之事。❷ 因此，当一个观念应然中所应被给予之物同时也直接作为一个“所能之物”而被给予，德性便会产生；反之亦然。

依据价值情感现象学的观点，教师德性产生于教师观念中的所应之物，同时也作为所能之物被给予。从观念的应然与价值的关系来看，一切应然都奠基于价值认识之上。一切正向价值都应当存在，一切负向价值都不应当存在。教师德性作为教师人格的属性，其本身与价值联系在一起。所以，教师德性是教师对建基于价值之上的观念应然的能然性。教师德性体现在观念应然中正向价值的能然实现，即体现在教师对观念应然中正向的、更高价值的选择与实行。教师恶习则体现在观念应然中正向价值的非存在，或对观念应然所给予之物的无力实现，即教师对负向价值的实现以及抛弃更高价值而选择较低价值。

综上所述，德性在现象学的本质直观中必定包含两个原初的、直接被给予的体验，即对某内容的观念应然的体验和对此

❶ 马克斯·舍勒．伦理学中的形式主义与质料的价值伦理学［M］．倪梁康，译．北京：商务印书馆，2011：308.

❷ 舍勒对权力（Macht）和强力（Gewalt）做了区分，参见：马克斯·舍勒．伦理学中的形式主义与质料的价值伦理学［M］．倪梁康，译．北京：商务印书馆，2011：347~348.

内容的“所能状态”的体验。教师德行是教师直接意识到的、作为观念所应的被体验之物的能然。可以说，教师德性不是指在某方面能干，也不是对义务的履行，而是对某种观念所应的被给予之物的意欲与实行方面的能干。简而言之，一个好教师，首先是一个好人，即具有伦常意义上的“善”的人格。而“善”的人格的形成以“人格自律”为前提，并不断生成自身，不断朝向善的观念、爱的秩序“去-存在”。

（二）教师对良品与“更高”价值的践行

如前文对品质与德性关系的探讨，品质是德性的属。教师价值品质既包括教师德性（教师良品）又包括教师劣品。同时，教师良品与劣品的具体条目又处于不同的价值等级。那么，在现代性背景下，教师德性是如何通过教师价值品质得以展现呢？我们认为，教师在具体的教育实践中对教师良品（包括道德性良品和非道德性良品）的践行以及在实践中对“更高”价值的选择与践行是实现教育内在善的基础，同时也是教师德性的展现。

在现代性背景下，人们对教师角色是否具有道德性，以及教师德性究竟如何展现的问题尚存在争论。在实际的教育生活中，教师所普遍遵守的“底线道德”与传统中的“道德圣人”的期许之间存在断层。基于传统的道德视角，我们认为，教师角色所应具有的德性就像是教师被赋予的“天刑”。[1] 教师身上的道德责任就如孔子的“天刑”一般，是“天命”。既然是天命，

---

[1] “天刑之，安可解”出自《庄子·德充符》，主要是通过叔山无趾与老子的对话得出一个结论：像孔子这样的人，身上永远背负着枷锁；这个枷锁是上天给的，任何人都无法解开。

就不可解，而且也根本不必解。如果我们不将这种“天刑”当成是负累的“道德枷锁”，“天刑”就相当于“无形”。也就是说，对于体验到自身道德价值的教师来说，这种“天刑”是完全不存在的，所以，不需要外在伦理规范的限定，就能自然而然地弘扬教师之道。因此，教师不应该仅以“没有违背法律或教师职业守则”（义务论的指向）作为行动的依据，来逃避自身的道德责任。同时，我们也不提倡以“神圣道德”“道德圣人”来定位教师角色，不要求教师一定成为牺牲、奉献的道德圣人。因为人的境遇各有不同，每个人履行道德要求的条件也不同。对教师“神圣道德”的期待虽然可以感染世人，但是过高的道德要求不能成为日常生活中指导个体行为和思想的准则。

我们主张，以教师价值品质引导教师履行其道德责任。具体来讲，在实际的教育教学情景中，如果教师体验到正向的价值良品、体验到“更高”的价值，并以实现良品及“更高”的价值为导向，就是具有德性的教师，就展现了教师的应然存在方式。可以说，教师德性的形成过程，也是教师正向的、积极的价值品质的形成过程，它是一个动态的、以实际情景中的价值体验为关键的价值选择过程。在此过程中，如果教师能够体验到更高价值的存在，其行为能够自觉地以更高价值为导向，教师的“天刑”就会变成“无形”，教师的德性便得以彰显。

现代性价值失序严重影响着人们的体验结构。教师对价值的体验建立在失序的价值系统中，这使得教师良品的形成面临着挑战，并制约着教师德性的养成。那么，如何才能扭转教育中价值失序的状态？教师自身又如何才能摆脱外在环境的束缚，从“本心”出发，重塑价值秩序，明晰价值品质中的道德内涵，从而成为真正有德性的好教师呢？

第五章　提升教师价值品质的一种可能性探寻

——以情感体验为主，以义务、规范为辅

通过前文对教师价值品质以及教师德性的分析，可以看出，越高等级的价值品质对学生的影响越大，也是教师成为优秀教师的关键所在。然而，在当今的教师培养过程中，往往将重点放在较低价值品质如教学技能、班级管理等的提升上，忽视了对较高价值品质的关注。这是一种本末倒置的做法，不利于优秀教师的养成。那么，如何提升教师的价值品质，使教师的教学更有道德性呢？我们认为，基于伦常明察的“情感体验”是作为“此在”的教师朝向更高价值等级迈进、不断追求卓越的主要途径；而教师“角色”出于义务感及对规范的遵守则可以拾遗补阙，保证教师行为的道德底线，从而“由义返仁”，最终实现“仁宅义路”。

一、基于伦常明察的情感体验

（一）伦常明察与情感体验

伦常明察是舍勒价值情感现象学的核心概念。在伦理学中，伦常一般是指关乎道德的及道德上的。而舍勒所说的伦常则是指先天存在的价值，它有别于后天的人为约定的价值。而

明察与“洞见”相似，是指对先天价值的本质洞察。伦常明察是对先天价值的本质直观，是对先天价值的直接把握：“一切在此意义上关于善与恶的经验都以对善和恶是什么的本质认识为前提。”❶ 所以，伦常明察有别于对价值的经验认识。

在一定意义上，舍勒的伦常明察与亚里士多德的理智德性“明智”具有相似性。❷ 亚里士多德将德性分为道德德性和理智德性，理智德性是道德德性的基础。而明智是最主要的理智德性。他认为：“一个人如果有了明智的德性，他就有了所有的道德德性。”❸ 同样，一个人如果有了伦常明察，他就拥有了所有的美德。而伦常明察作为对先天价值的本质直观，它的意向相关项是价值及价值秩序。可以说，对伦常明察意向相关项的直观把握，即对价值和价值秩序的直观把握和正确认识，是一切德性的基础和前提。舍勒认为：

> 伦常意愿，甚至整个伦常的行为都奠基在价值认识（或在特别情况中伦常价值认识）连同其本己的先天内涵和其本己的明见性之上，以至于任何意愿（甚至任何追求）都原本地朝向一个在这些行为中被给予的价值之

---

❶ 马克斯·舍勒．伦理学中的形式主义与质料的价值伦理学［M］．倪梁康，译．北京：商务印书馆，2011：87.

❷ 伦常明察的德语是“sittliche Einsicht”，是对“phronsis”（明智）的一种最常见的翻译。参见：倪梁康．心的秩序——一种现象学心学研究的可能性［M］．南京：江苏人民出版社，2010：169.

❸ 亚里士多德．尼哥马可伦理学［M］．廖申白，译．北京：商务印书馆，2003：35.

实现。❶

那么，人类道德实践的来源和基础便是对伦常价值事实的明察，即建立在对伦常明察之价值认识的基础上。

然而，亚里士多德又强调，作为理智德性的“明智”只有通过后天的教育和训练才能获得。这就与舍勒的“伦常明察”有了本质区别。伦常明察作为对先天价值的本质直观，无法通过理性认知获得，也无法通过系统知识的形式加以传授，通向它的唯一途径便是对价值的情感体验。因为价值体验的情感先在性使得价值不能脱离情感体验而获得，任何价值都离不开具体的感受活动。人们只有通过情感体验才能直观地把握先天存在的价值和价值秩序，才能通达伦常明察，为道德行为奠基，即“一切‘好的意愿’都奠基于‘对好的认识’之中；或者，一切坏的意愿都建立在伦常欺罔的基础上”。❷伦常意愿奠基于对价值及价值秩序的情感体验中，好的伦常意愿和伦常行为都奠基于好的认识之中，而坏的则建立在伦常欺罔的基础上。

近代以来，随着自然科学的发展，人类对理性顶礼膜拜，企图在任何学科中都建立一种外在的、客观的、统一的规律。在这样的大背景下，情感作为“过于感性和主观”的东西被鄙夷和摒弃，个人的情感体验被认为是没有意义和价值的。然而，“理性的人们”忽略了重要的一点，即“心灵在它自己的领域拥有一种严格的逻辑类推法……心灵有自己的‘根据’，即对事实的切合实情的明晰的认识，而一切知性对这些事实都

❶❷ 马克斯·舍勒．伦理学中的形式主义与质料的价值伦理学［M］．倪梁康，译．北京：商务印书馆，2011：119，119~120.

是盲目的——一如瞎子之于色彩、聋子之于音韵”。[1] 人的一切行动都源于这种心灵的逻辑法则，或如帕斯卡尔所说的“心有其理”——像逻辑演绎的定律和推论一样客观和严格。如果我们“普遍草率地对待感情事物和爱与恨的事物，对事物和生命的一切深度缺乏认真的态度，反而对那些可以通过我们的智力在技术上掌握的事物过分认真，孜孜以求，实在荒唐可笑”。[2] 所以，在探讨个体行动的道德来源时，不应该放弃人之为人最重要的伦常事实和内在的价值秩序，而一味地向“外在”（义务、规范）寻求保证。应该通过情感体验把握价值及价值秩序，以伦常认识和明察为通道，培育具有伦常明察之人。

在教育活动中，当面对真实、具体的教育情境或两难困境时，教师是如何感受的，又是如何行动的，都与他体验这一价值事实的情感息息相关。这种情感体验不源于反思，而是前于反思，它是个体面对客观价值事实时最为直观的感受。这种感受深深地扎根于人的内心深处，是普遍而深厚的爱的情感。可以说，一切感受都取决于个体心中的“爱的秩序”。

> 我们在某人或某一群体身上认识到的一切道德上至关紧要东西必须——始终间接地——还原为其爱与恨的行动，和爱与恨的潜力的特种构造；还原为主宰它们并在一切感情冲动中表现出来的爱的秩序。[3]

所以，价值秩序不能离开主体的情感体验，它是一种先天

[1][2][3] 马克斯·舍勒. 爱的秩序［M］. 林克，等译. 北京：生活·读书·新知三联书店，1995：55，56，36.

而客观的实在。只有了解教师心中的价值秩序，才能真正掌握其对价值的认识，理解其行为举止背后的动因，进而“从心”出发，帮助其体验内心中的伦常事实，调整和改善对价值及价值秩序的认识。也就是说，通过情感体验获得存在于人内心之中的“爱的秩序”。

（二）情感体验的指向：“爱的秩序”

舍勒认为，人作为爱的存在，先于认识和意愿之在，所以：

> 谁把握了一个人的爱的秩序，谁就理解了这个人。他所把握的东西对于这个作为道德主体的人的意义，就像结晶公式对于结晶体的意义。[1]

把握了教师的“爱的秩序”，就可以了解教师作为道德主体在教学活动中的价值选择，并以此为基点，对爱之秩序的无序（心之骚乱）进行整顿和重构，构建伦常的爱之秩序。那么，爱的本质究竟是什么呢？

> 爱是倾向或随倾向而来的行为，此行为试图将每个事物引入自己特有的价值完美之方向，并在没有阻碍时完成这一行为。换言之，正是这种世界之中和世界之上的营造行为和建构行为（die erbauende und aufbauende Aktion）被

[1] 马克斯·舍勒．爱的秩序［M］．林克，等译．北京：生活·读书·新知三联书店，1995：36.

我们规定为爱的本质。[1]

可以说，爱是朝向价值的运动。爱推动个体选择价值、展现行为，爱就在这种选择和展现之中凸显。同时，爱更是一种朝向更高价值的运动。

> 爱是一种朝向价值的更高存在的运动，这意味着爱具有创造的意义。这并非表明，爱创造了价值本身或创造了价值的更高存在。完全不是！但是，（爱）却关系到一切可能的价值感受活动与价值获取活动……关系到感受领域和偏好领域，因而关系到整个由偏好奠基的意愿领域、选择领域和行动领域——爱使对这个被给予领域来说是全新的和更高的价值出场（ins Dasein treten）。也就是说，对于一个关系到这个被给予领域的“出场”（Dasein）来说，爱是创造性的。相反，恨在最严格意义上是“毁灭”的，因为恨事实上毁灭（对于这个被给予领域来说）更高的价值，并且因此使认识性的偏好活动和感受活动的眼睛对更高价值变得麻木与失明。[2]

简单来讲，爱永远指向更高价值，并朝向更高价值的实现。它不创造价值，却关系到价值的获取，关系到人类的感受和偏好领域，是感受和偏好的前提。相反，恨朝向更低价值的

---

❶ 马克斯·舍勒．爱的秩序［M］．林克，等译．北京：生活·读书·新知三联书店，1995：46.

❷ 黄裕生．情感何以是有序的——续论马克斯·舍勒的质料的价值伦理学基础［J］．宗教与哲学，2013（2）．

实现，可以使偏好和感受活动对更高的价值麻木。而爱的秩序是由爱指引的，朝向更高价值等级的实现；爱之秩序的无序则是由恨指引的，朝向更低价值等级的实现。

古今中外都主张教师要爱学生。在爱的名义下，教师们以各种方式践行着对学生的爱。我们认为，只有引领学生朝向更高价值等级的实现，才是真正的爱。也就是说，教师对学生的爱表现为引领学生感受更高的价值等级，将学生从对较低的价值感受中解放出来，帮助学生实现自身的最高价值。在这样的爱中，没有强迫，没有规训，没有以牺牲更高的价值为代价，更没有将施爱者的价值认识强加到被爱者身上。然而，在当今工具理性的指向下，许多教师都相信，帮助学生获得高分、在激烈的竞争中脱颖而出是对学生最好的爱。但是，我们认为这不是真正的爱，或者说只是片面的爱。因为无休止的竞争扰乱了教师的心之秩序。教师被竞争所操控，其心的秩序被扰乱，进而放弃了对生命价值和精神价值的追求。这样的爱走向极端，便成了恨。例如，恨学生在课堂上欠佳的表现，恨学生没有取得好成绩、让班级失去荣誉，恨学生耽误时间学习“无用”（与考试无关）的知识，恨学生学得慢、挤压学生的休息时间，等等，这一切都是在“爱”的名义下进行的。教师和家长都宣称：“我这是为了你好！”“只有好成绩才能上好大学，才能找到好工作。”在这样的逻辑下，恨代替了爱，使得教师忽视了对内心的伦常和爱的秩序的审视，使感受活动和偏好对更高的价值视而不见，最终造成了价值欺罔与爱之无序（心之骚乱或心的失序）。

如果教师没有意识到自己的爱之失序，就会在失序的基础上形成一套价值秩序。在这种情况下，其教学就会在恨的道路上越走越远，任何外在的规范和义务似乎都不起作用。例如，教育部规定“不占用学生法定休息时间加班加点或集体补课；禁止组织集体补课、有偿补课的行为”，可是每到假期，补课现象就屡禁不止。教师心中稳定价值秩序的形成过程就是其价值品质形成的过程。在教师价值秩序确立的过程中，不能通过外在的命令强迫其认同某种价值或放弃某种价值，如必须要奉献、必须要无私无隐、不许打骂学生，等等，只能通过个体对价值的不断体验和选择而形成。教师要体验作为“人”所具有的价值品质，了解自己更应该偏好哪些价值的获得。最重要的是，要体验自身的价值品质对学生的影响，重视对学生情感体验的“再体验”，真正体会到哪些价值品质是应有的、哪些是处于较高等级的，进而调整心的秩序，不断构建起“爱的秩序”，形成有利于自身成长和学生发展的优秀品质。

那么，在现代性背景下，如何调整已经失序的爱的秩序？按照价值情感现象学的观点，可以通过对伦常所发出的道德召唤的倾听来解决人心失序、价值失序的问题。教师良好价值品质的形成，是通过情感体验明察先天存在于内心之中的伦常事实和爱的秩序的过程。可以说，内心深处的伦常事实和“爱的秩序”作为潜在的道德力量是教师道德行为最根本的来源。

事实上，主张从人内心之中寻找道德力量以及对人性中与生俱来的道德能力的肯定具有悠久历史。在西方，从基督教伦理学所提出的“爱的诫命”到卢梭的“良心”以及英国道德哲学的“道德感”和叔本华的“同情”，再到舍勒的“爱的秩序”，都认为善良意志、道德能力是人类先天具有的，这是一切道德力量的源泉。在中国古代，儒家学者也强调人之为人的“仁爱”（孔子）、“恻隐之心”（孟子）和“良知”（王阳明）

是人类道德行为的出发点。而无论是良知、同情还是“爱的秩序”，在休谟的概念体系中，都属于人的“自然美德”（与“人为美德”相对），即天生的道德意识，不会随时代、社会的变迁而改变，是人类道德行为的内在源泉。

我们认为，在人类先天具有的自然美德中，“恻隐之心”即同情心是最根本的。所以，唤醒存在于每个人内心之中的同情心可以激发其他的自然美德，也是情感体验的关键。

（三）情感体验的关键：同情心的唤醒

情感体验不仅是对自身情感的体验，也是对他者情感的体验。同情是一种内在的自然情感，类似于生理本能，让个体无法不对他人的境遇有所动容。同情心的唤醒是体验他人情感的关键，是将先天的自然美德变成现实的阿基米德点。孟子认为，“恻隐之心”是人性四种萌芽（恻隐、羞恶、辞让、是非）之首。

> 恻隐之心是整个道德本心的最初发动处，是非、谦逊、羞恶是奠定在恻隐基础上发生的。倘若一个人丧失了对他人苦乐的感同身受的能力，一切道德活动便丧失了源头活水，羞恶、恭敬、是非遂仅有其名而无其实：所谓羞恶者非羞恶，恭敬者非恭敬，是非者非是非。❶

英国思想家亚当·斯密在其《道德情操论》中将同情视为

❶ 陈立胜．身体与诠释——宋明儒学论集［M］．台北：台湾大学出版社，2011：93.

道德意识的起源和核心。德国哲学家叔本华强调，属于自然美德的同情是道德行为的唯一基础，出于同情心的行为才可以称作有道德价值的行为。他说：

> 只有这种同情才是一切自发的公正和一切仁爱之真正基础，只有发自于同情的行为才具有道德价值，而源自于任何其他动机的行为则没有什么价值。❶

石中英教授则在梳理相关概念的基础上提出了同情的重要特征：向他性、反应性和能动性。❷ 同情心的引发总是与他者相关，同情始终是对他者遭遇的情感反应。在这种情感反应中，会有种“心灵相融”的感觉——同情者自然而然地感受到被同情者的喜怒哀乐，本能地想要分享被同情者的欢喜或减轻对方的痛苦。可以说，在同情中展示了个体与他人的一种全新关系——个体始终以慈悲的态度面对他人，将自身融入对他人的体验之中。

> 在同情中自我“屈尊”、放下身段而一起参与到他人的苦难里，自我的傲慢（佛家所谓的“我慢”）被人我的休戚相关所取代。在同情的视阈里，一个于我丝毫没有工具价值但又令我无法不在乎的他人出现了。他人因此第一次获得他自身的独立性，而我也第一次认识到他人非工具性、非对象的存在。他人存在的意义不是缘于为我所

❶ 叔本华．伦理学中的两个基本问题［M］．任立，孟庆时，译．北京：商务印书馆，1996：234.

❷ 石中英．全球化时代的教师同情心及其培育［J］．教育研究，2010（9）.

> 用，也不是我所人为建立的对象，而是与我一样具有独立价值的生命体。甚至还不止于此，在更深的同情中，我们甚至会感受到一种对于他人无条件的责任，没有任何自身利益的考虑。我投入到抚慰、解救他人的事业中，自我不仅屈尊，更以谦卑的姿态面对与他人的遭遇。[1]

教师对学生的同情体现在其“屈尊”之爱中。教师能够感受到对学生的无条件的责任，不再把学生看作考试的工具。学生不再是为教师、班级或学校争得荣誉的对象，而是独立的生命存在。其存在的意义不是为我所用，而是发展其生命的潜能。更重要的是，教师在同情中能够主动体验学生情感，感受到学生的喜怒哀乐，并将学生的情感体验作为自身价值选择的关键。只有在对学生深切的同情中，教师才能站在学生的角度了解学生需要的是什么，自身的哪些行为对学生造成了伤害，哪些行为给学生带来了温暖和动力。这些才是教师关心学生、爱学生的前提，否则，关心和爱的正当性就会遭到质疑。总之，唤醒对学生的同情之心，积极体验学生的内在情感和价值体验，能够使教师真正理解学生，了解自身价值品质对学生的影响，促进教师对自身价值品质进行道德性反思。

综上所述，基于伦常明察的情感体验能够帮助教师发现、找回固有的伦常事实，促使其体验价值、认识价值、回归本心，迈向更高的价值等级。在情感体验的过程中，唤醒教师的同情心是“爱的秩序”形成的关键。

---

[1] 郑明哲．道德力量的来源——基于生命哲学的阐释［M］．广州：世界图书出版公司，2013：86~87.

当然，这还不算完备，因为在现代人的心性中普遍以有用性来检验各种存在物，价值欺罔无处不在。人们不断“向外”寻求，却忘记了“向内”寻找力量。在这样的情况下，个体很容易忽视对更高价值的体验，自然美德无法发挥它的道德力量。所以，要有一个补救方法，避免人们选择更低的“负向”价值。这个方法可以由人为的努力获得，或者更具体地说，通过人与人之间的约定，以义务意识和规范形式对伦常明察的缺失进行拾遗补阙。

二、义务感与规范：拾遗补阙

（一）保证“不伤害”

义务是“应当”如何的规范性观念。那么，“应当”观念源于何方，义务意识又是从何而来呢？休谟认为，义务意识有两个来源：一是内心的自然情感——道德感（sense of morality）和义务感（sense of virtue）；二是对外在规范的遵守，即对人为的公共规范的遵守。这里所说的道德感和义务感并不是内心本源的爱与同情，而是它们的派生，即个体因感受自然的原初情感匮乏而进行的补救。康德认为：

> 当任何善良的动机或原则是人性中共同具有的时候，一个感到心中缺乏那个动机的人会因此而憎恨自己，并且，虽然没有那种动机，也可以由义务感去做那种行为，以便通过实践获得那个道德原则，或者至少尽力为自己掩

饰自己的缺乏那个原则。[1]

可以说，道德感和义务感是对缺失的原初自然情感的替代。如果没有原初的行善动机，可以由义务感来实现。义务意识的第二个来源是人们制定的外在规范，它需要共同体成员的共同遵守。而无论是出于对自然情感的补救，还是对外在规范的遵守，义务意识都是以否定的、消极的方式表达的，如不许杀人、不许偷盗。而叔本华、密尔等思想家也将义务原则限定为“不伤害他人”。

作为自然情感的派生，道德感和义务感不能向人们呈现什么是善的，什么具有更高价值。但是，它可以让人知道到什么是恶的，什么是不应该做的，同时，也可以促成某种善行。出于对自然情感缺失的弥补，它是一种“盲目的”行善，即“义务是一种来自内心的但盲目的（即在不知善是什么的情况下）要求行善的压力”。[2] 而规范是人为约定的，不是永恒不变的。在不同国家、不同时代，规范都会有不同，个体的义务也会随之发生变化。例如，在中国古代，教师可以体罚学生，而在现代，教师行为规范中明确规定严禁体罚或变相体罚学生。可见，规范是灵活的、可变的，它与特定的社会结构和群体利益息息相关。对规范的遵守是出于外在的压力，而不是行善的动机。在一定情况下（规范、法则或命令不违背伦常事实），对规范的遵守可以阻止恶的发生，但无法引领善的实现。

---

[1] 康德著作全集·第5卷［M］．李秋零，译．北京：中国人民大学出版社，2005：519.

[2] 倪梁康．心的秩序——一种现象学心学研究的可能性［M］．南京：江苏人民出版社，2010：288~289.

总之，义务与规范对行为的规约与道德责任有关，而无关乎道德动机。所以，与伦常明察对善之积极的、直接的把握相比，义务具有一定的消极性（派生性）和否定性，这也决定了它对于德行的培养来说是不充分的。

尽管如此，在缺乏伦常明察的情况下，义务又是必不可少的。舍勒认为：

> 只要我们自身明见地明察到，一个行动或一个意欲是善的，我们就不会谈论“义务”……对“义务”的表面调整，常常正是伦常的、朝向明察的信念仿佛变得虚弱时，或者不足以解决一个过于复杂的境况，或不足以避免一个过于远程的和过于沉重的伦常自身负责时。用“这是我的义务”或“义务而已”，人们更多是断绝了对明察的精神努力，而较少地给已获得的明察以表达。❶

可见，如果能洞察到伦常事实，义务就不会出现。但是，当人们朝向伦常的信念变得虚弱，或由于外在事物的引诱而忽视了对伦常的明察，义务就要出场并以法则、规范的形式强迫个体遵守，来补救伦常明察的缺失。在此，舍勒强调伦常明察对于义务的“先在性”，而对义务的依赖则会断绝个体对伦常明察的精神努力。我们认为，这种断绝的风险虽然存在，但不是必然的。因为义务意识的第一个来源是自然原初情感，是对某种价值缺失的补救，这为“由义返仁”提供了可能。另外，

❶ 马克斯·舍勒．伦理学中的形式主义与质料的价值伦理学［M］．倪梁康，译．北京：商务印书馆，2011：77.

对规范的遵守不能代替对伦常的思考。如果忽视了对先天价值的体验，当规范违反伦常事实时，遵守规范就会出现阿伦特所说的“平庸之恶”。

在教学过程中，如果教师意识到某种品质的缺乏而要想补救时，就会产生义务感。这种义务感可以使教师意识到哪些行为对学生是有害的，并阻止负向价值的实现。同时，也可以使教师行为呈现出较高价值。例如，一个性情冷漠的人成为一名教师，虽然没有真正体验到“关心”的价值，但仍会出于义务表现出对学生的关心；一个性情急躁的人做了教师，当意识到自身缺乏“耐心”而感到羞愧时，就会在义务感的逼迫下实践“耐心”的品质，履行对学生的义务。可见，虽然义务感来自“盲目的行善压力”，但也可以产生善的行为，阻止恶的发生。更为重要的是，义务感对善行的诱发为自然情感的回归提供了可能。

出于对规范的遵守而履行义务，可以帮助教师实现较低的价值品质。例如，《中小学教师行为规范》中要求：“衣着整洁、朴实大方，服饰要符合职业特点，体现教师为人师表的好形象。”但要实现更高的价值品质，则需要体验到先天价值的存在，而不是在义务的“逼迫”下行事。例如，《中小学教师行为规范》中规定，教师要热爱学生、尊重学生、关心学生。只有当教师体验到这些伦常所具有的价值时，才会自然而然地在行为举止中表现出来。否则，就需要义务感和规范来促使教师履行。而在“尊重学生是我的义务”的准则下，即使教师没有体验到尊重的价值，也可以在一定程度上防止“不尊重”的发生。当然，人类的道德行为不会因人意识到“这是我的义务”而得到完满实现，所以我们称之为不完满的道德行为。

总之，义务感和规范的力量并没有想象中那么强大，它们只是对自然情感缺乏的一个必要调节。在教师价值品质培育方面，义务感与规范只能实现较低等级的正向价值并阻止负向价值的实现，而无法引领个体走向更高的价值等级并获得道德性价值品质，无法取代本源的伦常事实对生命的推动力量。在现实生活中，只有当教师没有对学生的爱和同情时，才能以义务来保证其行为的底线，即“不伤害”学生。

（二）义务感的回归：“仁宅义路”

义务感并非来源于个体的自然情感，而是对自然情感缺乏的补救。义务意识以自然情感为基础。由义务意识所引发的行为与由自然情感所引发的行为不同。前者是自然情感的次生性行为，表现出的是“义”；后者是自然情感的原生性行为，表现出的是“仁”。“义”指向公，与指向私的“利”相对；“仁”不仅指向公，还指向喜怒哀乐之情感及体贴、恻隐之心。

在中国古代，仁与义最初并不是两个不同的概念。在孔子的思想中，仁与义是同一种德性：义是一种当然的准则，而仁是人生最高的当然准则。或者说，仁是最高的德性和准则。仁的本质是己欲立而立人、己欲达而达人，仁之道是能近取譬。而在孟子的思想中，仁与义成了两个概念。孟子说：“仁，人之安宅也；义，人之正路也。旷安宅而弗居，舍正路而不由，哀哉！”（《孟子·离娄》）其中，仁代表心中的态度，而义是行为的准则。“孟子以不忍说仁，以不为说义。”[1] 仁是人所固有

[1] 张岱年．中国哲学大纲·下［M］．北京：昆仑出版社，2010：300.

的恻隐之心的发展。仁与义的最主要区别在于，是否对他者的情感予以体恤与关怀，诚如程颐所说："公而以人体之谓之仁"；而仁与义的关系是"仁必兼义，而义不兼仁"，即"仁底行为必兼有义底行为，但义底行为，则不必兼有仁底行为"。❶可见，仁的行为必然包括义，而义的行为如果仅仅出于"应当"的观念，则不包含仁。仁是情感家园，义是回归家园的道路；仁是积极的、有所为，义是消极的、有所不为。然而，无论是出于义还是仁，都是道德的行为，都具有道德价值。或者说，都是合乎道德的行为。但是，义不是道德行为的直接动机，而是通向道德行为的途径。出于义的行为始终要借助于不够充沛但还能发挥作用的爱与同情的情感。如果个体的行为只是出于义而缺乏这些情感，其行为就像是命令与强制力推动下的机械活动，容易使个体走向道德的伪善。虽然伪善也是善，但是缺乏内在的道德动机，是一种依靠外在形式制约的不稳定的善——当外在形式改变或失效，它就会坍塌。

要想获得稳定的善，就得回归到本源的道德动机，即"由义返仁"——通过义的道路回到仁的居所，实现真正的善。"仁，人心也。"（《孟子·告子上》）仁的行为与对他者的情感体验息息相关，以增进他者的幸福、减轻他者的苦痛为目标。也可以说，出于仁的行为永远指向他者幸福的实现，而不是考量行为者自身"应当"遵从怎样的规范、获得怎样的道德评价。老子说："失道而后德，失德而后仁，失仁而后义，失义而后礼。"（《道德经》）仁是内在于人心的、本源的自然行

❶ 转引自：冯友兰．新原人［M］．北京：北京大学出版社，2014：149~150.

善动机，而义是反思性的行为。

总之，对义务的履行、对规范的遵守可能会阻止恶的发生，但是人类最美好最善良的东西却不源于义务和规范，而是源于人之心灵。所以，在教育实践中，与其以规范或禁令的形式要求教师“不能做这个，不能做那个”，不如帮助教师体验其内心的伦常事实，关注其心中的道德力量。只有当教师真正体验到“为什么应当这样做”时，其“义务行为”才能上升、回归到由仁爱之心所引发的“爱之行为”。学生也只有从“爱之行为”中才能体验到教师的德行和教育的善。因此，要以“应该成为什么样的人”不断引领教师朝向更高的价值等级迈进，使其成为卓越的、有德性的教师。

结　语

现代性崇尚理性和规范性的知识。建基于现代性之上的形式主义规范伦理学强调正确的行为根植于理性之中，美德存在于绝对的道德律之中。道德行为是建立在道德权威基础上的，所以要遵守和服从道德规范。按照形式主义规范伦理学的观点，教师良好价值品质形成的途径是遵守和服从教师道德行为规范以及教师行为准则。这些规范、准则是一种“应然性”的论证，如对好教师的判断。从“应然性”视角出发，教师应当是品德高尚、无私无隐、学而不厌、诲人不倦、身正为范的世人之楷模，这种“应然”状态是对教师作为“圣人”的“神圣道德”的期待。但在实践中，人们似乎对这种空乏的道德律令感到厌倦，而且，这种严苛的道德要求很有可能将人们可施行的善行排除在外，进而排斥了真正的人格价值，忽视了主体的爱与恨等基本的情感价值体验，忽视了人的全面生活。所以，我们试图以价值情感现象学来弥补现代性规范伦理学之不足。

价值情感现象学或曰价值伦理学的代表马克斯·舍勒说：“我试图阐释一门建立在现象学经验之最广泛基础上的质料的价值伦理学。”在批判康德形式主义伦理学的基础上，舍勒指出，出于义务而履行义务会陷入一种伪善，因为义务论建立在“应当”的基础上，具有明显的“实用主义倾向”，忽略了更为重要的“观念的应然”以及奠基于“应当”之上的价值。

所以，“无论是‘义务’的概念还是‘规范’的概念，都不能构成伦理学的出发点，或不能冒充自己是这样一个‘标准’，根据这个标准才有可能区分善与恶”。❶

舍勒主张以先天的价值及价值级序为出发点，根据价值的质性和等级评判善恶。具体来讲，先天存在的较高价值与较低价值构成了价值秩序。善是在实现最高价值的行为中显现出来的，恶是在实现最低价值的行为中显现出来的。同时，“‘善’这个价值是一个附着在实现着的行为上的价值，这个行为在较高的（或最高的）价值层次以内实现着不同于负价值的正价值；‘恶’这个价值则是一个附着在实现着负价值的行为上的价值”。❷据此，人们对个体行为的道德判断不是以抽象的“义务应当”为标准，而是以观念所应之物的价值实现为标准，即价值伦理学优先于德性伦理学与义务伦理学。

价值伦理学与义务论、德性论伦理学最根本的区别在于，前者将价值及价值级序作为道德行动的基础，关注具有精神活动能力的个体对价值的体验以及在此基础上的道德行动；后者则认为，道德行为以“应当”为基础。前者是人格的自律，后者是理性的自律。但殊途同归的是，二者都追求道德的善。❸价值伦理学指向下的德性之人是朝向更高价值的实现“去-存在”的个体，价值伦理学指向下的教师则是在教育教学活动中朝向更高价值即“善”和德性的实现“去-存在”的教师。教师的行为不仅以“应当”为指令，还要考虑基于“应当”之

❶❷ 马克斯·舍勒．伦理学中的形式主义与质料的价值伦理学［M］．倪梁康，译．北京：商务印书馆，2011：31，287，60.

❸ M.S. 弗林斯．舍勒与康德，殊途同归：道德的善［J］．张任之，邱鹤飞，译．现代哲学，2009（4）．

上的价值以及价值体验。所以，教师伦理的构建不能忽视教师个体对价值的体验。要引导教师以先天的“观念应然”为基础对价值进行体验，找回固有的、先天的“爱的秩序”，并在“爱的秩序”指引下不断摆脱价值欺罔，进而形成稳定的价值品质。

以马克斯·舍勒为代表的价值伦理学认为：“命令、秩序、服从、道德律的规范以及道德教育，都不能产生真正的道德行为。”❶ 道德行为的产生是因为道德主体真正意识到他人的安康与自己相关，以及人与人之间的“理解”真正发生。道德行为来自于内心的感受、内心的意愿和内心的情感驱动。只有当主体认为某物是有价值的，它才能成为道德生活的决定力量。也只有当主体意识到某种价值品质，体验到它的重要性，才可能真正接受并践行。所以，道德判断以对价值品质的体验为基础，而不是对道德律令的遵守。同样，对教师行为进行道德判断时，也要以教师对价值的体验、认识为基础。只有当教师体会到某种价值品质对于“教师”这一职业的重要性时，才会主动践行，从而形成良好的价值品质，实现自身的“善”。

在培养优秀教师的过程中，应该摒弃认知与体验、理性与情感的二元对立，从两个方面予以考虑：第一，教师首先是“人之存在”。所以，在教师培训中，不能只关注教师角色所应掌握的知识、技能，也要关注作为人之存在的更深层次的需要，引导教师对美学、伦理学、社会学等学科的关注与思考。只有成为有美德之人，才能“从心所欲而不逾矩”，在教育教

❶ 马克斯·舍勒．伦理学中的形式主义与质料的价值伦理学［M］．倪梁康，译．北京：商务印书馆，2011：86.

学生活中自然而然地从学生的角度出发，体验到更高的价值并践行，进而展现其美德（良品）。第二，教师价值品质的构建从教育认识论转向情感体验，关注教师内在的情感体验，形成教师爱的精神共同体。所以，不能以“应该做这个，应该做那个”的方式提出要求，要在具体的教育教学情景中引领教师体验自身的价值秩序，发现心中的施教基础和原则，并从教师的心性结构出发，恢复本源的“爱的秩序”，建立感性价值偏好的理性秩序。同时，要引导教师对自身的教育行为进行反思。不仅要通过价值体验来认识、唤醒伦常事实中的较高价值，还要在实践中不断地践行这些价值，进而形成稳定的价值品质。教师更要从学生的体验中体会到自身行为所体现的“恶”，即对教育本义的扭曲以及对学生造成的伤害，从恶中知善。只有这样，才能使教师在外物的诱引中保持赤子之心并发挥人的“自为性”，反抗“平庸之恶”，成就自身的卓越。

参考文献

[1] 马克斯·舍勒．伦理学中的形式主义与质料的价值伦理学［M］.倪梁康，译．北京：商务印书馆，2011.

[2] 马克斯·舍勒．爱的秩序［M］.林克，等译．北京：生活·读书·新知三联书店，1995.

[3] 马克斯·舍勒．价值的颠覆［M］.刘小枫，等译．北京：生活·读书·新知三联书店，1997.

[4] 曼弗雷德·S·弗林斯．舍勒的心灵［M］.张志平，等译.上海：上海三联书店，2006.

[5] 曼弗雷德·S·弗林斯．舍勒思想评述［M］.王芃，译．北京：华夏出版社，2003.

[6] 亚里士多德．尼各马可伦理学［M］.廖申白，译．北京：商务印书馆，2003.

[7] 爱德华·封·哈特曼．道德意识现象学［M］.倪梁康，译.北京：商务印书馆，2012.

[8] 汉斯-格奥尔格·伽达默尔．真理与方法［M］.洪汉鼎，译．北京：商务印书馆，2013.

[9] 胡塞尔．现象学的观念［M］.倪梁康，译．北京：人民出版社，2007.

[10] 伊曼努尔·康德．道德形而上学的奠基［M］.李秋零，译．北京：中国人民大学出版社，2011.

[11] 伊曼努尔·康德．实践理性批判［M］.李秋零，译．北

京：中国人民大学出版社，2011.
[12] 马丁·海德格尔．存在与时间［M］.陈嘉映，王庆节，译．北京：生活·读书·新知三联书店，2006.
[13] 叔本华．伦理学中的两个基本问题［M］.任立，孟庆时，译．北京：商务印书馆，1996.
[14] 马丁·布伯．我与你［M］.陈维纲，译．北京：生活·读书·新知三联书店，2002.
[15] 卡尔·雅斯贝尔斯．什么是教育［M］.邹进，译．北京：生活·读书·新知三联书店，1991.
[16] 卡尔·雅斯贝尔斯．当代的精神处境［M］.黄藿，译．北京：生活·读书·新知三联书店，1992.
[17] 弗里德里希·包尔生．伦理学体系［M］.何怀宏，等译.北京：中国社会科学出版社，1988.
[18] 狄尔泰．诠释学的起源［M］//洪汉鼎．理解与解释——诠释学经典文选．北京：东方出版社，2001.
[19] 亚当·斯密．道德情操论［M］.王秀莉，等译．上海：上海三联书店，2008.
[20] 休谟．人性论［M］.关文运，译．北京：商务印书馆，2014.
[21] 埃玛纽埃尔·列维纳斯．从存在到存在者［M］.吴蕙仪，译．南京：江苏教育出版社，2006.
[22] 安德烈·孔特．小爱大德——美德浅论［M］.赵克非，译．北京：作家出版社，2013.
[23] 范梅南，巴斯·莱维林．儿童的秘密：秘密、隐私和自我的重新认识［M］.曹赛先，阿慧黠，译．北京：教育科学出版社，2004.

[24] 范梅南．教学机智：教育智慧的意蕴［M］.李树英，译．北京：教育科学出版社，2001.

[25] 范梅南．生活体验研究：人文科学视野中的教育学［M］.宋广文，等译．北京：教育科学出版社，2003.

[26] 余纪元．德性之境——孔子与亚里士多德的伦理学［M］.林航，译．北京：中国人民大学出版社，2009.

[27] 洛伦S. 巴里特，托恩·比克曼，等．教育的现象学研究手册［M］.刘洁，译．北京：教育科学出版社，2010.

[28] A. 麦金太尔．追寻美德——伦理理论研究［M］.宋继杰，译．北京：译林出版社，2003.

[29] A. 麦金太尔．伦理学简史［M］.龚群，译．北京：商务印书馆，2003.

[30] 马斯洛．动机与人格［M］.许金声，等译．北京：华夏出版社，1987.

[31] 内尔·诺丁斯．学会关心：教育的另一种模式［M］.于天龙，译．北京：教育科学出版社，2011.

[32] 内尔·诺丁斯．幸福与教育［M］.龙宝新，译．北京：教育科学出版社，2009.

[33] 斯特赖克，索尔蒂斯．教学伦理［M］.洪成文，等译．北京：教育科学出版社，2007.

[34] 丹·克莱门特·劳蒂．学校教师的社会学研究［M］.饶从满，等译．北京：人民教育出版社，2011.

[35] C·赖特·米尔斯．社会学的想象力［M］.陈强，张永强，译．北京：生活·读书·新知三联书店，2012.

[36] 乔治·赫伯特·米德．心灵、自我与社会［M］.霍桂恒，译．北京：译林出版社，2012.

[37] 帕克·帕尔默．教学勇气——漫步教师心灵［M］.吴国珍，余巍，等译．上海：华东师范大学出版社，2005.

[38] 安妮特·拉鲁．不平等的童年［M］.张旭，译．北京：北京大学出版社，2010.

[39] 曼纽尔·卡斯特．认同的力量［M］.曹荣湘，译．北京：社会科学文献出版社，2006.

[40] 汉娜·阿伦特．反抗平庸之恶［M］.陈联营，译．上海：上海人民出版社，2014.

[41] 汉娜·阿伦特．人的境况［M］.王寅丽，译．上海：上海人民出版社，2009.

[42] 汉娜·阿伦特．耶路撒冷的艾希曼［M］.孙传钊，译．长春：吉林人民出版社，2003.

[43] B. A. 苏霍姆林斯基．帕夫雷什中学［M］.赵玮，等译．北京：教育科学出版社，2009.

[44] 黑柳彻子．窗边的小豆豆［M］.赵玉皎，译．海口：南海出版公司，2011.

[45] 安东尼·吉登斯．现代性的后果［M］.田禾，译．南京：译林出版社，2000.

[46] 安东尼·吉登斯，克里斯多弗·皮尔森．现代性——吉登斯访谈录［M］.尹宏毅，译．北京：新华出版社，2001.

[47] 齐格蒙·鲍曼．生活在碎片之中——论后现代道德［M］.郁建兴，等译．上海：学林出版社，2002.

[48] 齐格蒙·鲍曼．后现代伦理学［M］.谷蕾，等译．南京：江苏人民出版社，2003.

[49] 刘小枫．舍勒选集［M］.上海：上海三联书店，1999.

[50] 刘小枫．现代性社会理论绪论 [M].上海：上海三联书店，1998.

[51] 包利民，M·斯戴克豪思．现代性价值辩证论——规范伦理的形态学及其资源 [M].上海：学林出版社，2001.

[52] 万俊人．现代性的伦理话语 [M].哈尔滨：黑龙江人民出版社，2001.

[53] 万俊人.20世纪西方伦理学经典·Ⅱ [M].北京：中国人民大学出版社，2004.

[54] 高兆明．社会失范论 [M].南京：江苏人民出版社，2000.

[55] 高兆明．制度公正论——变革时期道德失范研究 [M].上海：上海文艺出版社，2001.

[56] 陈嘉映．价值的理由 [M].北京：中信出版社，2012.

[57] 冯平．现代西方价值哲学经典——先验主义路向 [M].北京：北京师范大学出版社，2009.

[58] 袁贵仁．价值观的理论与实践——价值观若干问题的思考 [M].北京：北京师范大学出版社，2006.

[59] 陶行知．中国教育改造 [M].北京：东方出版社，1996.

[60] 黄显中．公正德性论——亚里士多德公正思想研究 [M].北京：商务印书馆，2009.

[61] 倪梁康．现象学及其效应：胡塞尔与当代德国哲学 [M].北京：生活·读书·新知三联书店，1994.

[62] 倪梁康．心的秩序——一种现象学心学研究的可能性 [M].南京：江苏人民出版社，2010.

[63] 陈立胜．身体与诠释——宋明儒学论集 [M].台北：台湾大学出版社，2011.

[64] 杨国荣．伦理与存在——道德哲学研究［M］.上海：上海人民出版社，2002.
[65] 赵汀阳．论可能生活［M］.北京：中国人民大学出版社，2004.
[66] 郑明哲．道德力量的来源——基于生命哲学的阐释［M］.北京：兴界图书出版公司，2013.
[67] 冯友兰．新原人［M］.北京：北京大学出版社，2014.
[68] 冯友兰．中国哲学简史［M］.北京：北京大学出版社，1996.
[69] 牟宗三．道德的理想主义［M］.长春：吉林出版集团有限责任公司，2010.
[70] 詹栋梁．教育伦理学［M］.台北：明文书局股份有限公司，1996.
[71] 黄藿．教师专业伦理·1～2［M］.台北：五南图书出版股份有限公司，2004.
[72] 陈桂生．师道实话［M］.上海：华东师范大学出版社，2004.
[73] 朱小蔓．教育职场：教师的道德成长［M］.北京：教育科学出版社，2004.
[74] 朱小蔓．情感德育论［M］.北京：人民教育出版社，2005.
[75] 肖川．主体性道德人格教育［M］.北京：北京师范大学出版社，2002.
[76] 肖川．教育的理想与信念［M］.长沙：岳麓书社，2005.
[77] 肖川．教育的真情与智慧［M］.长沙：岳麓书社，2005.
[78] 肖川．教师成就希望［M］.北京：九州出版社，2012.

[79] 刘良华. 教育自传 [M].成都：四川教育出版社，2005.
[80] 扈中平. 现代教育理论 [M].北京：高等教育出版社，2000.
[81] 檀传宝. 教师伦理学专题：教育伦理范畴研究 [M].北京：北京师范大学出版社，2004.
[82] 檀传宝. 绿色教育师德修养：做一个配享幸福的教育家 [M].北京：北京师范大学出版社，2014.
[83] 高伟. 教育哲学的基本问题 [M].济南：山东教育出版社，2008.
[84] 高伟. 回归智慧，回归生活——教师教育哲学研究 [M].北京：教育科学出版社，2010.
[85] 王文东. 心灵的教化变革社会中的中国师德 [M].成都：四川人民出版社，2003.
[86] 陈爱苾. 师德与教师职业生成 [M].北京：首都师范大学出版社，2005.
[87] 吴安春. 德性教师论：创造型教师的专业发展 [M].北京：人民教育出版社，2003.
[88] 高德胜. 知性德育及其超越——现代德育困境研究 [M].北京：教育科学出版社，2003.
[89] 金生鈜. 德性与教化——从苏格拉底到尼采：西方道德教育哲学思想研究 [M].长沙：湖南大学出版社，2003.
[90] 金生鈜. 教育：思想与对话 [M].北京：教育科学出版社，2005.
[91] 金生鈜. 理解与教育——走向哲学解释学的教育哲学导论 [M].北京：教育科学出版社，2001.
[92] 陶志琼. 教师的境界与教育 [M].北京：北京师范大学

出版社，2006.
[93] 陶志琼．教师是谁：教师教育哲学导论［M］.北京：中国文史出版社，2004.
[94] 王荣德．教师人格论——高素质教师研究的新视角［M］.北京：科学出版社，2001.
[95] 叶澜，白益民，等．教师角色与教师发展新探［M］.北京：科学教育出版社，2001.
[96] 王凯．教学作为德性实践价值多元背景下的思考［M］.南京：江苏教育出版社，2009.
[97] 李秀伟．教师成长　寻求超越［M］.济南：山东教育出版社，2009.
[98] 冯婉贞．教师专业伦理的边界——以权利为基础［M］.北京：教育科学出版社，2012.
[99] 刘云杉．从启蒙者到专业人士：中国现代化历程中教师角色演变［M］.北京：北京师范大学出版社，2006.
[100] 唐松林．教师行为研究［M］.长沙：湖南师范大学出版社，2006.
[101] 朱红文．人文科学和人文精神——人文科学方法论导论［M］.北京：中共中央党校出版社，1994.
[102] 陈向明．质的研究方法与社会科学研究［M］.北京：教育科学出版社，2000.
[103] 陈嘉明．科学解释与人文理解［M］.上海：上海人民出版社，2010.
[104] 陈嘉明．现代西方哲学方法论演讲录［M］.桂林：广西师范大学出版社，2009.
[105] 黄希庭，张进辅，等．当代青年价值观与教育［M］.成

都：四川教育出版社，1994.
[106] 石中英．价值教育的时代使命［J］.中国民族教育，2009（1）.
[107] 石中英．教师的基本价值品质及其形成［J］.中国教师，2009（1）.
[108] 石中英．“狼来了”道德故事原型的价值逻辑及其重构［J］.教育研究，2009（9）.
[109] 石中英．教育中的民主概念：一种批判性考察［J］.北京大学教育评论，2009（10）.
[110] 石中英．全球时代的教师同情心及其培育［J］.教育研究，2010（9）.
[111] 石中英．人作为人的存在及其教育［J］.北京大学教育评论，2003（4）.
[112] 高伟．论现象学引入教育哲学视野之意义［J］.海南师院学报，1999（4）.
[113] 高伟．体验：教育哲学新的生长点［J］.湖南师范大学教育科学学报，2003（7）.
[114] 高伟．教育现象学的几个根本问题［J］.当代教育科学，2007（5）.
[115] 高伟．教育现象学：理解与反思［J］.教育研究，2011（5）.
[116] 高伟．知识论批判：一种教育哲学的反思［J］.自然辩证法研究，2012（4）.
[117] 高伟．爱与认识：对教育可靠性基础的追问［J］.教育研究，2014（6）.
[118] 刘良华．从“现象学”到“叙事研究”［J］.全球教育

展望，2006（7）.

[119] 刘良华．教育叙事研究：是什么与怎么做［J］.教育研究，2007（7）.

[120] 刘良华．教育自传中的个人知识：关于“好教师”的调查研究［J］.北京大学教育评论，2008（1）.

[121] 刘良华．教育现象学的观念［J］.教育研究，2011（5）.

[122] 刘良华．中小学教师职业道德规范的四个文本的比较［J］.教育观察，2012（1）.

[123] 宁虹，钟亚妮．现象学教育学初探［J］.教育研究，2002（8）.

[124] 宁虹．教师成为研究者的现象学意识［J］.教育研究，2003（11）.

[125] 胡萨，宁虹．教师反思何以何能——教师反思的现象学研究及其现实意义［J］.首都师范大学学报：社会科学版，2010（1）.

[126] 宁虹．认识何以可能？——现象学教育学研究的思索［J］.教育研究，2011（6）.

[127] 李伯升．教师对待学生的基本价值品质及提升策略［J］.基础教育研究，2011（1）.

[128] 王占魁．澳大利亚学校价值教育的国家框架及其实施［J］.教育发展研究，2009（6）.

[129] 高政．英国价值教育概括与对中国的启示［J］.比较教育研究，2011（11）.

[130] 吴凤平，玛格丽特·泰普林，等．价值教育课程开发过程中教师专业成长的阶段和策略［J］.教师教育研

究，2008（3）.

[131] 王萍．教育现象学视域中的教师教育［J].教育科学，2008（12）.

[132] 金美福．生活体验研究：含义、原理与主要环节——范梅南的教育学研究方法论在教师教育意义上的解读［J].外国教育研究，2004（6）.

[133] 金美福．秉持现象学态度的教师教育理论研究［J].教育研究，2007（8）.

[134] 朱光明．透视教育现象学——论教育现象学研究的三个基本问题［J].外国教育研究，2007（11）.

[135] 朱光明，陈向明．教育叙述探究与现象学研究之比较——以康纳利的叙述探究与范梅南的现象学研究为例［J].北京大学教育评论，2008（1）.

[136] 陈向明．教师的作用是什么？——对教师隐喻的分析［J].教育研究与实验，2001（1）.

[137] 蔡春，易凌云．论教师的生活体验写作与教师专业发展［J].教育研究，2006（9）.

[138] 蔡春．现象学精神及其教育学意蕴［J].教育研究，2009（8）.

[139] 杨开成．教育现象学是现象学的吗［J].现代远程教育研究，2011（6）.

[140] 王卫华．教育现象学何以研究教育体验［J].复旦教育论坛，2013（5）.

[141] 刘徐湘，陈健．教育生活体验研究及其理论价值［J].湖南师范大学教育科学学报，2011（5）.

[142] 王攀峰，曹冉．教育现象学研究问题评述［J].教育学

术月刊，2013（1）.
［143］蒋开君．现象学教育学的源与流：从乌特勒支到阿尔伯塔［J］.教育理论与实践，2011（1）.
［144］陈桂生．师道辨析［J］.河北师范大学学报：教育科学版，2008（5）.
［145］罗昂．“师德”的实质究竟是什么？［J］.沧桑，2007（2）.
［146］李长伟．教师是谁？——与吴康宁教授的对话［J］.扬州大学学报：高教研究，2004（6）.
［147］黎琼锋．论教师德性与教育幸福的共生关系［J］.中国德育，2008（2）.
［148］冯建军．教师的幸福与幸福的教师［J］.中国德育，2008（1）.
［149］张华军，朱旭东．论教师专业精神的内涵［J］.教师教育研究，2012（5）.
［150］朱永通．“好老师”有多坏？［J］.教师月刊，2014（9）.
［151］薛晓阳．超越“圣洁”：教师德性的哲学审视［J］.教育研究与实验，2001（2）.
［152］金生鈜．为什么我们的孩子心存恐惧［J］.可普童话，2014（6）.
［153］金生鈜．教育的终极价值与教师的良知［J］.教师教育研究，2012（7）.
［154］金生鈜．以教育为志业：教育家的精神实质［J］.中国教育学刊，2011（7）.
［155］金生鈜．我们为什么需要教育家［J］.青年教师，2011

（12）.
[156] 金生鈜. 公共价值教育何以必要 [J].华中师范大学学报：人文社会科学版，2010（7）.
[157] 金生鈜. 质疑建国以来的道德教育规训 [J].教育理论与实践，2001（8）.
[158] 沈清松. 伦理学理论与专业伦理教育 [J].湖南大学学报，1996（4）.
[159] 檀传宝. 教育是人类价值生命的中介——论价值与教育中的价值问题 [J].教育研究，2000（3）.
[160] 檀传宝. 论教师“职业道德”向“专业道德”的观念转移 [J].教育研究，2005（1）.
[161] 檀传宝. 教育劳动的特点与教师专业道德的特性 [J].教育科学研究，2007（3）.
[162] 檀传宝. 德育教师的专业化与教师的德育专业化 [J].教育研究，2007（4）.
[163] 檀传宝. 再论“教师德育专业化” [J].教育研究，2012（10）.
[164] 檀传宝. 德性只能由内而外地生成——试论新性善论及其依据　兼答孙喜亭教授 [J].清华大学教育研究，2007（3）.
[165] 黄裕生. 情感何以是有序的？——续论马克斯·舍勒的质料的价值伦理学基础 [J].宗教与哲学，2013（2）.
[166] 黄裕生. 质料何以是先验的？——论马克斯·舍勒的质料的价值伦理学基础 [J].南京大学学报：社会科学版，2012（7）.
[167] 倪梁康. 心有其理 [J].读书，2004（5）.

[168] 倪梁康．舍勒现象学伦理学中的伦常明察［C］//“现象学与伦理”国际学术研讨会暨第十届中国现象学年会会议论文集．广州：2004.

[169] 张任之．现象学伦理学的基础：意向性感受［J］.华中科技大学学报：社会科学版，2007（6）．

[170] 张任之．舍勒对苏格拉底问题的回答——一门现象学的规范伦理学之引导［J］.哲学研究，2011（10）．

[171] 张任之．价值先天与价值存在——舍勒质料价值伦理学中的价值现象学存在论［J］.道德与文明，2012（1）．

[172] 张任之．论舍勒现象学的本质直观方法［J］.人文杂志，2014（3）．

[173] M.S. 弗林斯．舍勒与康德，殊途同归：道德的善［J］.张任之，邱鹤飞，译，现代哲学，2009（4）．

[174] 马永翔．作为 moral reasonability 的道德理性及其优先性［J］.北京师范大学学报：社会科学版，2009（7）．

[175] 马永翔．美德，德性，抑或良品？——virtue 概念的中文译法及品质论伦理学的基本结构［J］.道德与文明，2010（12）．

[176] 马永翔．属人的良品成与实践且不可教授——超越亚里士多德和休谟的思路［J］.北京师范大学学报：社会科学版，2014（3）．

[177] 江畅．论品质及其道德性质［J］.社会科学战线，2011（4）．

[178] 任继琼．论亚里士多德的德性是品质［J］.天府新论，2009（3）．

[179] 万俊人．美德伦理的现代意义——以麦金太尔的美德理

论为中心［J］.社会科学战线，2008（5）.
［180］万俊人．关于美德伦理学研究的几个理论问题［J］.道德与文明，2008（6）.
［181］王国银．德性伦理研究［D］.苏州：苏州大学，2006.
［182］杨林国．追寻教师美德［D］.南京：南京师范大学，2006.
［183］刘万海．重返德性生活［D］.上海：华东师范大学，2007.
［184］罗儒国．教师教学生活研究［D］.兰州：西北师范大学，2007.
［185］王凯．教学作为德性实践［D］.上海：华东师范大学，2008.
［186］李清雁．教师是谁——身份认同与教师道德发展［D］.重庆：西南大学，2009.
［187］杨洋．求同存异：在冲突中构建和谐师生关系［D］.天津：南开大学，2010.
［188］宋丽．儿童感受师爱的生活体验研究［D］.北京：首都师范大学，2011.
［189］邹启发．“德性”何以“无知”？［D］.郑州：河南大学，2011.
［190］娄雨．价值秩序与价值教育［D］.北京：北京师范大学，2011.
［191］崔岐恩．价值品质研究［D］.北京：北京师范大学，2012.
［192］高政．价值理性与价值教育［D］.北京：北京师范大学，2012.

[193] 毋丹丹．传统教师德性的现代诠释［D].重庆：西南大学，2013.

[194] 何蓉．论教师道德敏感性［D].北京：北京师范大学，2014.

[195] Van Manen, Max. Edtorial, Phenomenology+Pedagogy [M]. Edomonton: University of Alberta Publication Services, 1983.

[196] Van Manen, Max. Edtorial, Phenomenology+Pedagogy [M]. Edomonton: University of Alberta Publication Services, 1989.

[197] Van Manen, Max. Edtorial, Phenomenology+Pedagogy [M]. Edomonton: University of Alberta Publication Services, 1990.

[198] Van Manen, Max. Edtorial, Phenomenology+Pedagogy [M]. Edomonton: University of Alberta Publication Services, 1991.

[199] Matthew G. Sanger and Gary. D. Fenstermacher. Aristotle is Great—But is He Enough? Expending the Theoretical Gounds for Inquires into the Moral Dimensions of Teaching [C] // The Annual Meeting of the American Educational Research Association. New Orleans, 2000.

[200] Fenstermacher , G. D. Philosophy of Research on Teaching: Three Aspects [C] //M. C. Wittrock. Handbook of Research on Teaching. N. Y. : Macmillan, 1986.

[201] Fenstermacher , G. D. , Method, Style, and Manner in Classroom Teaching [C] //The Annual Meeting of the A-

merican Educational Research Association. Montreal, Quebec, 1999.

[202] Catherine Fallona. Manner in Teaching: A Study in Observing and Interpreting Teachers' Moral Virtues [J]. Teaching and Teacher Education, 2000 (16).

[203] Milton Mayeroff. On Caring [M]. New York: Harper and Row, 1971.

[204] Fenstermacher , G. D. The Moral Dimensions of Teaching [M]. San Francisco: Jossey-Bass Publisher, 1990.

[205] 现象学在线 [EB/OL]. http://www.phenomenologyonline.com/

附　　录

附录一：教师体验描述与访谈

1. 描述主题：您与学生交往过程中最难忘的事件

请写一个简单的描述，描述您与学生的交往过程中，最令您难忘的事情。

要求与提示：以描述性的语言还原当时当地的教育现场以及当时自身的情感体验。

2. 访谈提纲

（1）为什么选择教师作为您的职业呢？

（2）您想成为什么样的教师？

（3）您认为自己是个怎样的教师？

（4）您认为，作为教师最重要的品质应该有哪些呢？

（5）能给我讲述您和学生之间发生的难忘的故事吗？

附录二：学生的体验描述与访谈

1. 体验描述主题：我最喜欢的老师/最不喜欢的老师

请写一个简单的描述，你最喜欢/最不喜欢的教师是谁？为什么喜欢他？你与他交往过程中他的那些品质吸引着你？

要求与提示：

（1）请用直接的描述性语言对您最喜欢的教师进行描述，避免解释和归因。

（2）以您与他交往过程中发生的某件事情为例，描述您与该教师交往时的真实的情感体验，即喜欢他的原因。

2. 访谈提纲

（1）你认为什么样的老师是好老师呢？

（2）你遇到过这样的老师吗？

（3）能给我聊聊她是什么样的吗？

（4）能举个例子吗？你和他的交往中，有没有印象比较深刻的事情？